W0073310

Vorwort

»Das Altern annehmen!«: Unter allen Ratschlägen zum guten Altwerden ist dieser Rat der am meisten verbreitete. Aber in ihm schwingt eine eigentümliche Resignation mit. Eine Resignation, die dem heutigen Altern nicht gerecht wird. Muss man dem Altern nicht vielmehr etwas abgewinnen? Etwas aus ihm machen? Auch dazu fehlt es nicht an Vorschlägen. Aber sie orientieren sich in einer unbarmherzigen Art an der Kraft der Jugendlichkeit und der Energie des Erwachsenenlebens. Die Altersratgeber mit entsprechenden Vorschlägen sind Legion. »Strengt euch an«, heißt es, »und sagt nie: Dafür bin ich zu alt.«

Aber wird das Altern damit nicht in einer unangemessenen Art verharmlost? Wird ihm nicht sein Eigenwert genommen? Altern beinhaltet doch auch Zumutungen, Empfindsamkeiten und Schmerzen. Altwerden heißt doch auch, mit Krankheiten rechnen und dem Tod ins Auge sehen müssen. Altern ist jedenfalls immer und unerbittlich verbunden mit einem Schwächerwerden und Nachlassen der Kräfte. Trotz aller Bemühungen, unsere Leistungsfähigkeit zu steigern oder mindestens zu erhalten. Hat solches Altern einen Sinn in einer Gesellschaft, die das Starke dem Schwachen, das Schnelle dem Langsamen und ein Wachstum der Minderung vorzieht?

Die Verlautbarungen der Politik strotzen dementsprechend von Vorhaltungen über den derzeitigen demografischen Zustand. Besorgte Politiker und Wissenschaftler operieren mit Statistiken über einen kommenden altersbedingten Niedergang Europas und beschwören ein halbes Jahrhundert nach dem Aufspüren einer »Bevölkerungsbombe« (womit der amerikanische Biologe Paul Ehrlich das ungebremste Wachstum der Weltbevölkerung meinte) einen neuen, aus der Zunahme der älter werdenden Menschen resultierenden Alterssprengstoff. Eine demografische Endzeit.

Aber den Sprengstoff der Alterung sehen Politik und Wirtschaft einseitig in der unsicheren Zukunft der Alterssicherungssysteme. Das Wachstum der Lebenserwartung und die Vorzüge kinderarmer Bevölkerungen werden selten erfreut zur Kenntnis genommen. Dass die Frauen bei uns bloß noch, wie es abschätzig heißt, »eineinhalb Kinder« zur Welt bringen, die Bevölkerung stagniert und, was Europa betrifft, sogar längerfristig schrumpft, ist vielmehr Gegenstand sorgenvoller, wenn nicht apokalyptisch angehauchter Studien.

Ist es nicht paradox, dass die imposante Steigerung der Lebenserwartung, der gute Gesundheitszustand und die nach allen Untersuchungen glückliche Alterszeit so abschätzig behandelt werden – als wäre der Übertritt ins Alter der Eintritt ins Krankenhaus? Fernab der Realität des Älterwerdens, verständnislos gegenüber der erstmalig möglichen Vervollständigung eines in der Vormoderne verstümmelten Lebens und blind, was die desolaten demografischen Zustände in den meisten Teilen der Welt betrifft, lauten die politischen Ermahnungen, die Bevölkerungen Europas sollten den demografischen Rückwärtsgang einlegen und das Rad der demografischen Evolution zurück in eine vormoderne (mit modernen Augen gesehen: barbarische) demografische Steinzeit mit vielen Kindern und wenigen Alten drehen.

Gewiss wäre es eine Verharmlosung, im Altern nur den Glücksfall, ein gelobtes Land sehen zu wollen. Wer altert, erlebt auch Verletzungen, verwirrende Vorkommnisse und bittere Erfahrungen. Aber das gilt für alle Lebensabschnitte, für die Pubertät und die Erwerbszeit vielleicht noch mehr als für das Alter. Altern enthält Zumutungen und glückhafte Momente, herrliche Aufregungen und tiefe Depressionen. Aber vor allem Raum für das Nachdenken. Würden wir nicht alt, könnten wir uns keine Gedanken über das Altern machen. In wenigen Jahrhunderten haben wir in Europa (und einigen außereuropäischen Länder wie Japan, Südkorea, den USA) in den letzten Jahrhunderten mehr Lebenszeit geschenkt bekommen als in den zehntausend Jahren vorher. Eine Lebenszeit von acht Jahrzehnten ist in den westlichen Ländern Realität geworden. Es genügt aber eben nicht, das Geschenk dankend entgegenzunehmen. Und es unausgepackt liegen zu lassen.

Was heißt das aber, man solle das Altern nicht nur annehmen, sondern etwas aus ihm machen? Das ist offenkundig ein schönes und gutes Motto. Was fällt einem für die gewonnenen Jahre nicht alles ein! Aufräumen. Die Fotografien von gestern ordnen. Endlich Freunde einladen, die man schon lange nicht mehr gesehen hat. Meditieren. Arabisch lernen. Weltreisen. Fahrrad fahren. Überhaupt das Leben in Ordnung bringen. Aber dieses muntere Motto hat auch etwas Unverschämtes. Für vieles ist man zu alt. Nur wer feige ist, wagte das zu leugnen. Die Frage nach dem Sinn der gewonnenen Jahre verlangt also mehr. Das Alter verlangt nicht nach irgendeiner Deutung. Sondern nach einer Sinngebung der Schwäche. Und zwar auch für das hohe Alter, in dem Gebrechlichkeit, Erschöpfung und Rückzug vorherrschen. Denn allem Altern ist das Nachlassen und Schwächerwerden gemeinsam. Dieser Tatsache ins Auge zu sehen und ihr einen Sinn abzutrotzen zu versuchen, das ist alles andere als einfach.

Die Frage nach dem Sinn dieses neu entstandenen Lebensabschnittes, des »dritten« Alters, eines Rest-Lebens, das sich in wenigen Jahrhunderten extrem dehnte, aber keine Aufgabe mehr zu haben scheint, ist angesichts der demografisch am stärksten wachsenden Gruppe dringlich. Es ist die Frage nach dem Sinn eines Lebens, das sich in einer eigentümlichen Weise nicht mehr in die Breite, sondern in die Höhe entwickelt, eines Lebens mit weniger Kindern, aber mehr und immer länger zusammenlebenden Generationen, eines Lebens schließlich, das je älter, desto schwächer und funktionsloser wird und schließlich wie alles kreatürliche Sein mit dem Sterben endet.

Für den frühen Tod im Mittelalter, wo Krieg, Pest und Cholera die Menschen früh aus dem Leben rissen, schenkte die Religion Trost. Ein segensreicher, die Tränen stillender Lebensabend ließ sich nach christlicher Auffassung erst nach dem Tod außerhalb der irdischen Welt in einem Jenseits erwarten. Das Leben in dieser Welt blieb ein Torso. Die aus dieser Vorstellung abgeleitete Welt- und Todesanschauung hat das für die meisten Menschen kurze Leben in vormodernen, in Europa noch weit in das 19. Jahrhundert hineinreichenden Gesellschaften gezähmt und den Menschen Trost gespendet. Sie sind Symptome des Leidens an einer Vergänglichkeit, die ganz anders geartet war. Das Altern, wie wir es heute kennen, gab es nicht. Dem Leben fehlte es an Vollständigkeit, die naturwüchsige Folge der Lebensstadien wurde gestoppt, dem Leben fehlte der Schluss.

Der letzte Teil des Lebens war wie weggerissen. Das Leben blieb Fragment, eine unversorgte offene Wunde. Beklagt wurde die Kürze des Lebens. Dem Buch des Lebens fehlte das Nachwort. Dafür gab es gnädige Vertröstungen auf eine ewige Seligkeit in einer anderen Welt. Es entstand eine Lücke, und das ewige Leben war ein segensreicher, das kurze auf dem Höhepunkt der Schaffenskraft gekappte Leben erst erträglich machender Lückenbüßer. Der christliche Ewigkeitsglaube trat und tritt, wenn auch unter völlig veränderten Lebensumständen, für die Gläubigen in die Leerstelle. Und füllt diese, wie es heißt, mit seinem Atem.

Heute erinnern nur mehr die Todesanzeigen und Grabsteine mit ihren Widmungen und Symbolen an diese untergegangene Zeit. Der mythische Proviant geht zur Neige. Jenseitsvorstellungen werden ausgehöhlt. Man will ein Jenseits im Diesseits. Der späte und der manchmal zu späte Tod, die Entkräftung und der körperliche Verfall sind es, die deshalb eine Deutung verlangen. Und diese kann keineswegs nur eine freundliche und generös positive sein. Die Defizite im Alter, das Schwächerwerden, das Schwinden der Kräfte, die Verluste an sozialen Kompetenzen dürfen nicht verharmlost werden. Nicht verharmlost – aber auch nicht einfach hingenommen. Sie rufen nach einer Sinngebung.

Das ist die drängende und zentrale Frage. Man kann sich ihr nicht entziehen, wenn man älter wird. Auch die zahllosen fröhlich gestimmten Altersratgeber können sich dieser Frage nicht verschließen. All die gut gemeinten Altersmodelle, die dem Alter hohe Tatkraft und Beweglichkeit zubilligen, kommen um die unerbittlichen defizitären Begleiterscheinungen nicht herum. Je mehr Menschen alt werden, desto dringlicher wird die Frage nach dem Sinn dieses seit Jahrhunderten und unterdessen im Weltmaßstab sich fortsetzenden altersbedingten Schwächerwerdens ganzer Gesellschaften. Die Frage nach dem Sinn eines solchen Lebens erhebt sich sogar umso lauter, je leiser das Leben wird.

Die moderne Gesellschaft muss sich mit einer solchen Sinnfindung schwer tun. Sie ist auf Kraft und Wachstum getrimmt. Sie ist eine Kraftmaschine. Altern ist Schwäche, Wüste und Notstandsgebiet. Es ist widerspenstig und merkwürdig antiquiert. Im Alter kumulieren sich in einem fort die Widrigkeiten: Rentenkollaps, Pflegenotstand, Rationierung von Hüftgelenken, Harnstottern, Vergesslichkeit, Alzheimer, Multimorbidität, Krieg der Generationen, Stagnation, schleichende Überalterung, Konkurrenzierung durch neue Einwanderungswellen, schließlich demografischer Untergang, Entvölkerung und Aussterben. Altwerden ist unerbittlich an die Leiblichkeit gebunden und deshalb prinzipiell von Einschränkungen, einem Nachlassen der Kräfte und dem Verlust des Nutzwertes für den gesellschaftlichen Fortschritt, von Entkräftung und letztlich auch Verfall betroffen. Was soll das für einen Sinn haben? Und wie können sich unter diesen Voraussetzungen positive Altersbilder entwickeln? Versagensangst und Scham sind es, die die Alten angesichts der verkabelten und mit allen Finessen einer ständig sich erneuernden Technik bewaffneten Jugend befallen.

In einer Welt ewiger Tüchtigkeit findet deshalb Alter schwerlich einen Platz. Es sei denn, es ist mit Macht, Einfluss und Geld verbunden. Umso mehr wird der Jugend und dem Kind hofiert. Eine Gesellschaft, die Spitzenleistungen, Kraft und den faustischen Menschen prämiert, die dem Jugendkult huldigt und die Kindheit verklärt, muss sich mit Altwerden, das ein schrittweises Abschiednehmen vom Getriebe der Welt bedeutet, offenkundig schwer tun. Dabei gewinnt das Leben im Altwerden erst seine Abrundung und Vollendung. Zum Werden gehört das Vergehen. Das Leben wird endlich nach Hunderttausenden von Jahren in einem zunächst formalen Sinne vervollständigt. Der Lebenskreislauf wird endlich geschlossen. Ein großartiger Erfolg moderner Gesellschaften. Auch wenn, wie der römische Philosoph Seneca es in seiner Schrift »De brevitate vitae« betont, dass Leben nur dann kurz sei, wenn man die Zeit nicht nutze.

Welche Anstrengungen auch unternommen werden: Das Alter verwandelt uns, wie unterschiedlich wir ansonsten auch sein mögen. Der Körper wird langsamer, wie schnell auch der Geist noch schaltet. Die Langlebigkeit hat Auswirkungen auf die Gesellschaft als ganze. Die Sinnfindung bekommt, wenn man das Altern moderner Gesellschaften von den persönlichen Befindlichkeiten ablöst, eine epochale Dimension. Braucht die moderne Gesellschaft, die sich so mit Haut und Haaren dem Steigerungsimperativ, dem »Schneller, Höher, Weiter« und den Maßstäben der Produktivität verschrieben hat, nicht ein Moratorium? Ist die moderne Welt nicht in einen Erschöpfungszustand hineingeraten, der allerorten sichtbar wird? Knirscht es nicht, wo immer man genauer hinhört, im Gebälk und in den Fundamenten unserer Gesellschaft? Und beschädigt die radikale Ausbeutung der Erde und die rigorose Auspressung des Menschen für ein mysteriöses Zukunftsglück nicht die Grundlagen dieses Traums – und die Lebenswelt künftiger Generationen? Hat, mit anderen Worten, die Weltgesellschaft nicht ihre Grenzen erreicht, und steuert sie nicht anstelle einer Vollendung einem Crash entgegen?

Unsere Zivilisation wird als Alters-, als Langlebigkeitsgesellschaft einen anderen Weg zu nehmen versuchen. Einer Welt, die der Maßlosigkeit, dem Wachstums- und Steigerungsrausch verfallen ist und darum das Altern, dessen Charakteristika Nachlassen und Schwäche sind, schlechtredet, mag das Beschwören eines solchen Korrektivs exotisch und verwegen erscheinen. Ist aber die Vorstellung einer altersbedingten Weltmäßigung angesichts einer ihre eigenen Grundlagen verzehrenden Welt nicht plausibel? Plausibel und gleichzeitig weltfremd? So weltfremd, wie ein solcher Gedanke in einer auftrumpfenden und das Schwache verachtenden Welt nur sein kann?

Das Altwerdenkönnen ist, so meine Annahme, keine sinnlose und der Verschwendung zugeeignete Zeit, sondern ein großartiges, ein segensreiches Geschenk, das eine Befriedung des gelebten Lebens und ein Vordringen der Mäßigung und Genügsamkeit ermöglicht. Es initiiert inmitten der Gesellschaft eine mit dem Wachstum der Lebenserwartung wachsende Besinnung auf eine Lebensweise, die dem Druck der Zeit entgegensteht. Und das im Nachlassen und Schwächerwerden sich verbergende Weltfremde und -mäßigende ist vielleicht das Weltnotwendige. Die Langlebigkeitsgesellschaft führt nicht zum demografischen Untergang, sondern ist letztes und wünschenswertestes Stadium einer demografischen Evolution, in das früher oder später hoffentlich auch die gesamte Weltbevölkerung einmündet. Das wollen die folgenden Annäherungen zu zeigen versuchen. Annäherungen, die notgedrungen angesichts des täglich fortschreitenden Älterwerdens, auch von mir, unfertig und zuversichtlich zugleich sind.

1

Geschenktes Leben

Müsste ich mit einem Wort zu sagen versuchen, was die folgenreichste Neuerung der letzten Jahrhunderte sei, so würde ich ohne Zögern das Wachstum der Lebenserwartung nennen. Die Umbrüche, die sich seit dem Beginn der Moderne in der europäischen Gesellschaft ereignet haben, sind ohne diese demografische Entwicklung nicht denkbar. In den letzten zwei Jahrhunderten hat sich die Lebenserwartung des Europäers mehr als verdoppelt, in den letzten 300 Jahren verdreifacht. Während der Eintritt der Massen in die Geschichte und die revolutionären Umstürze des vergangenen und des vorvergangenen Jahrhunderts als epochale und die Geschichte der Neuzeit prägende Ereignisse gesehen werden, wird der Eintritt des massenhaften Alterns in die Weltgeschichte und die erstmals für so viele Menschen mögliche »natürliche« Beschließung des Lebens in seiner geschichtlichen Bedeutung nicht gewürdigt, sondern in einer Mischung von Aufregung und Untergangsphantasien beklagt. An einer Hand abzählbar sind die Stimmen, die im Altern eine Erfolgsgeschichte unserer Zivilisation sehen und die aktuellen Debatten auf die glückhaften Umstände dieses Erfolges einstimmen.

Auftritt der Langlebigen

Der Auftritt der Langlebigen auf der Weltbühne, diese, wie die Amerikaner sie nennen, Langlebigkeits-Revolution ist freilich unmerklich, Altersfeinde sagen: schleichend. Deshalb das Dämmerlicht. Aber Tag für Tag werden die Europäer älter. Tag für Tag gewinnen wir, die Schweizer und die Deutschen und die Europäer, sechs Stunden Lebenserwartung, das sind Jahr für Jahr drei Monate. Das Durchschnittsalter der Weltbevölkerung beträgt dreißig, jenes in West-Europa über achtzig Jahre. Immer mehr Menschen sterben eines natürlichen Todes. Gleichzeitig werden wir weniger. Europa wächst nicht an Köpfen, aber an Jahren. Ein Mädchen, das heute hier geboren wird, wird fast neunzig Jahre alt werden. Würde man die länderspezifischen Lebenserwartungen auf der Welt in einer dreidimensionalen Relief-Karte darstellen, Europa wäre gebirgig, der Großteil der Welt flach.

Dieses imposante Wachstum der Lebenserwartung ist, wenn es nicht in seinen Kosten aufgerechnet wird, in seiner individuellen und gesellschaftlichen Bedeutung marginalisiert und negativ besetzt. Die erreichten Lebensjahre erscheinen nicht als Zeit der Reife, sondern des Unglücks, das Gebirge bietet keinen Schutz, sondern wirft dunkle Schatten. Gewiss, Altern ist auch eine Zeit der Melancholie, der Mühsal und Pein. Nicht immer eine wohltuende Gabe, sondern häufig ein Danaergeschenk. In langen Zeiträumen allerdings entfernt sich der Tod mit dem Anwachsen der Lebensspanne. Er wird zurückgedrängt. Dieses

Zurückdrängen hat Implikationen. Die erreichte Langlebigkeit wartet mit neuen Sachlagen und Herausforderungen auf. Die mit der Verdopplung der Lebenserwartung gewonnenen Jahre eröffnen indes ein großes, in der bisherigen Geschichte ohne Beispiel aufbrechendes Lebenszeitfenster. Das Leben gewinnt eine neue Gestalt, die noch der Bearbeitung harrt. Eine lange und immer noch länger werdende Zeit, die sich wie ein unbekanntes Land vor uns auftut, eine Fristerstreckung. Ein Altern, das ein rätselhafter Nicht-Ort bleibt. Versehen mit einer Landkarte, in der die Orte, die Höhen und Tiefen noch nicht kartografiert sind. Ein Nicht-Ort, der lediglich dadurch gekennzeichnet ist, dass ihn alle früher oder später erreichen werden. Denn alle werden älter und wollen noch älter werden. Aber wofür?

Der gleitende Nachen

Nichts gibt diese Dehnung der Lebensspanne besser wieder als Arnold Böcklins zwischen 1880 und 1886 in fünf Versionen entstandene »Toteninsel«: ein Bild, das eine aus dem Meer aufragende felsige Insel zeigt, die mit Trauerzypressen bewachsen ist und in die Grabkammern eingelassen sind. Ein Nachen mit einer geheimnisvollen, weißen, aufrecht im Bug stehenden Gestalt gleitet auf die Insel zu. Das Ziel ist deutlich sichtbar: das Nichts des Todes, eine schwarze Gruppe von Bäumen, ein Loch, auf das sich der Nachen, in dem sich überdies noch ein Sarg und ein Ruderer befinden, schwerelos zubewegt, ohne dass der Fährmann sich selber abmüht. Die Überfahrt selbst war zu Zeiten Böcklins kurz. Heute ist sie von immer ausgedehnterer Dauer. Die mit dem gleitenden Nachen symbolisierte Überfahrt dauert von Jahr zu Jahr, von Monat zu Monat, von Stunde zu Stunde länger. Und immer mehr Generationen sind gemeinsam unterwegs.

Die Spanne zwischen Leben und Tod war in früheren Zeiten kurz, das Leben unvollständig. Ein Teil, das Alter wurde ihm wie weggerissen und erhielt seine Weihe erst in einer anderen Welt. Dieser Welt hat etwas gefehlt, was die andere Welt zusammenzufügen schien. Erst in der Moderne wird das Leben gegenüber der Vormoderne vervollständigt und in einem vorerst formalen, biologischen Sinne ganz. Die in einer barbarischen Weltgeschichte verlorene Zeit wurde in weniger als zwei Jahrhunderten aufgeholt und der biologisch möglichen Lebenszeit entgegengetrieben.

Die weiße Gestalt im Fährboot von Böcklin hat ihr Gesicht vom Betrachter abgewandt. Sie erscheint wie erstarrt im Angesicht des Endes. Eine Apokalypse im Stillstand. Aber das Gleiten ist das Neue, nicht das Sterben. Sterben müssen alle. Lang zu leben war ein Geschenk für wenige. Wir werden heute alle so alt wie früher ausgesuchte Einzelne. Das Gleiten dauert immer länger. Ein Gleiten, das es in der Vormoderne nur in Ausnahmefällen gab. Das Altern nimmt heute fast einen Drittel der Lebenszeit ein. Historisch ohne Beispiel dehnen sich die gewonnenen Jahre. Und ohne Beispiel ist die Zeit, die gewonnen wurde und weiterhin gewonnen wird.

Das Leben verändert sich mit der Dehnung der Lebensspanne. Die bisherige Gestalt nimmt eine neue Form an. Die Lebensphasen sind ja keine gleichwertigen und eigenschaftslosen Dimensionen. Das in der Zeit gelebte Leben ähnelt eher einer Sonate mit unterschiedlichen Sätzen und Tempi. Der Schlußsatz mit den gewonnenen Jahren hat zweitausend Jahre gefehlt. Die geschenkten Jahre sind noch wie Notenblätter ohne Noten, die ihrer Bearbeitung harren. Schon Versuche, das neue und lange Altern terminologisch zu benennen, sind vielfältig. Man behilft sich mit einem dritten Alter, mit »Best-Agern« und »Silver-Agern«, mit einer »Generation plus«, einem »Golden Age«, den, wenn man das neue Altern meint, »Midlife-Boomern« oder schlicht Seniorinnen und Senioren. Auch diese Schwierigkeit verweist auf einen Vorgang, der epochal neu und entsprechend schwer wägbar ist.

Die Einschätzungen dieser Entwicklung waren lange gnadenlos einseitig negativ und parteiisch. Es fehlte noch die Beschwörung einer Axt, mit der die gewonnenen Jahre wie neue Triebe vom Baum des Lebens entfernt werden. Um wieder jugendliche, schnell sich erneuernde Bevölkerungen zu gewinnen. Die immer wieder zurückgewünschte pyramidale Bevölkerungsstruktur hatte wenig Alte, aber viele Kinder aufzuweisen. Sie ist deshalb antihumanistisch und unrealistisch zugleich. Wer eine pyramidale Bevölkerungsstruktur der – wie es bei uns boshaft heißt – urnenförmigen vorzieht, hat sich deren Implikationen wohl noch nie vorgestellt. Denn während die urnenförmige Struktur Langlebigkeit und wenig Nachwuchs anzeigt, bildet die pyramidale eine mörderische Situation mit vielen Kindern und geringer Lebenserwartung ab. Sind doch auf jeder Stufe, vom ersten Lebensjahr an, gleichmäßig hohe Anteile der Jahrgänge zum Sterben verurteilt.

Sinnfinsternis

Wie immer das Alter subjektiv erlebt wird, und zahlreich sind die Untersuchungen, die dem älteren Menschen mehr subjektives Glück attestieren als den jungen, und wie viele Menschen auch immer mit siebzig oder achtzig Jahren eine ungebrochene Kreativität und Tatkraft an den Tag legen: der Niedergangsfuror moderner Gesellschaften, die allgemeine Verunsicherung und die nicht zuletzt durch das Erblassen der christlichen Heilsgeschichte zunehmende Verdunkelung der Zukunft schürt eine düster-apokalyptische Stimmung. Das Lebensschifflein scheint hineingerissen in einen Sturzbach, der das Leben nicht lebenswerter macht, sondern es geradewegs verschluckt. Nicht von Gewinnen, sondern von Verlusten, nicht von Lust, sondern von Last, nicht vom langen Leben, sondern vom langen Sterben, und nicht von einer biografischen Ganzwerdung, sondern vom demografischen Niedergang ist die Rede. Lebenserwartungsstarke Länder steigen ab, solche mit explodierender Bevölkerung auf. Der demografische Zustand Japans wird mit »Game over« beleidigt. Erfolg und Vorzüge von Langlebigkeitsgesellschaften bleiben im Dunkeln.

Geschenktes Leben

Diese Stimmung, die über allen Erörterungen der demografischen Entwicklung wie eine dunkle Wolke schwebt, hat gewiss ihre nachvollziehbaren Ursachen. Denn Älterwerden ist doch auch verbunden mit dem Gefühl des Niederganges und der Melancholie. Bei allen Bemühungen, unsere Kräfte zu erhalten, lässt unsere Leistungsfähigkeit unerbittlich nach. Dieses Nachlassen ist es, das ohne Sinnvermerke, ohne plausibilisierenden Begleitschutz wächst. Jedes Leid, das sinnlos ist, ist doppeltes, dreifaches, zehnfaches Leid. Eine sinnhafte Deutung würde die Annahme und Wertschätzung des Alters erst ermöglichen. Ohne den Versuch einer solchen Deutung herrscht Dunkelheit. Eine Sinnfinsternis, in der das Alter sich seines Daseins schämt. In der sich die Alten selber unter der Last der auf sie getürmten Jahre ducken und sich schuldig fühlen, überhaupt noch zu leben.

Nicht das Altern und auch nicht der sich vergrößernde Anteil von alten Menschen in modernen Gesellschaften sind das Problem, sondern ihre an den gesellschaftlichen Werten gemessen offenbare Sinn- und Funktionslosigkeit und die damit einhergehende Nutzlosigkeit dieser Fristerstreckung. In dieser Sichtweise beinhaltet die Steigerung der Lebenserwartung eine Verschwendung und Zunahme sinnloser Jahre. Die gewonnene Zeit erscheint überflüssig, sie ist keine freudig in Empfang genommene Zuwendung, sondern eine Demütigung.

Nicht-Orte

Der französische Ethnologe Marc Augé hat Räume wie Schalterhallen, Bahnhöfe oder Flughäfen als Nicht-Orte bezeichnet (1994). Nicht-Orte sind gesichtslos, undefiniert, unwirklich und laden nicht zum Bleiben und Hausen ein. Nicht-Orte, so Augé, erzeugen einen universellen Menschenschlag, den Nomaden, den Passagier, einen Zwischenmenschen, der kommt, um schnell wieder zu gehen. Sind Altern und Alter diesen Überlegungen entsprechend nicht biografische Nicht-Orte? Oder Orte, die ob ihrer Unwirklichkeit gemieden werden – vielleicht sogar Orte der Verzweiflung?

Die verhüllte Gestalt im dahingleitenden Nachen von Blöcklins Toteninsel verharrt im Dämmerlicht eines solchen undefinierten Zustands, eines Überganges von einem Ort des Lebens und der Geschichte in die fremde, andere, nachtschwarze Sphäre des Todes. Man könnte sagen, dass der Übergang, das Gleiten des Nachens in der Moderne ein sich immer länger dahinziehender Nicht-Ort geworden ist, ein, wie Augé wohl sagen würde, von Deutungsversuchen weithin unberührter, kommunikativ verwahrloster Ort, den man nur als Vorhof des Todes wahrnimmt. Oder als Ort der Verzweiflung.

Deshalb ist Ruhestand nicht nur ein schönes und beruhigendes Wort, sondern beinhaltet auch Angstmachendes und Beklemmendes. Im Ruhestand trifft einen der heimliche Schrecken, dass man stillgelegt wird wie ein nutzloses Gerät, dass man bald nichts mehr ist und dass die

Zukunft, wo nichts mehr ist, sich gleichzeitig entfernt und näherrückt: dass die Frist abläuft. Ganz zu schweigen von den angedrohten Kerkern der Demenz und den Szenarien der Multimorbidität. Aber die Erinnerung, der Rückblick hat, je länger das Leben dauert, eine umso reichere Ernte. Die Aussicht auf ein langes Leben birgt auch die Aussicht, genießen zu können, was man erarbeitet hat. An umso mehr kann man sich erinnern, wenn man älter wird. Denn die Erinnerung ist prinzipiell an ein Leben geknüpft, das erinnert werden kann. Je weniger man und je weniger lang man lebt, desto weniger Erinnerung. Gewiss: Diese Erinnerung ist vielschichtig und nicht immer angenehm. Erinnerungen werden verdrängt oder verloren, weil sie mit Erlebnissen verbunden sind, die plagen. Gleichwohl: Ohne Vergangenheit keine Vergegenwärtigung, ohne Erinnerungen kein Erinnern. Und ohne Altern keine Vergegenwärtigung und Verarbeitung der Zeit vor dem Altern.

Je höher die Lebenserwartung, desto umfänglicher ist das hinter einem liegende Leben, desto längere Erzählungen sind möglich, es zu vergegenwärtigen. Nicht zu vervollkommnen und zu vollenden, das wäre übertrieben, sondern zu bedenken, zu läutern und in seiner Vielfalt zusammenzufügen. Gewiss haben Schriftsteller und Philosophen recht, wenn sie behaupten, dass ein unendliches Leben, ein Leben, das niemals enden würde, seinen Sinn verlieren und unerträglich langweilig werden würde. Aber unser Leben ist weiterhin endlich. Es fällt, je länger es wird, umso leichter, Vergangenes zu erinnern, aber auch umso schwerer, Zukunftsillusionen zu entwickeln.

Das Alter ist die Periode des Zukunftsschwundes und der Rückwendung auf die Vergangenheit. Denn die Ziellinie kommt, weil wir ja nicht ewig leben, näher. Im Schnellzug von Interlaken nach Bern habe ich keinen Platz mit Blick in Fahrtrichtung mehr gefunden. Ich ließ mich mit dem Rücken zur Fahrtrichtung nieder und sah die Landschaft anders. Die Zukunft schoss nicht mehr wie beim Sitzen in der Fahrtrichtung auf mich zu und verschwand sogleich hinter mir, sondern die durchfahrenden Landschaften entfernten sich sachte und über eine bemerkenswerte lange Zeit noch wahrnehmbar aus meinem Blickfeld.

Ist es nicht ähnlich mit der Antizipation der Zukunft und dem Hervortreten der Erinnerung? Ändert sich nicht altersbedingt die Blickrichtung? Wird die Erinnerung nicht stärker, je schwächer die Zukunft wird? Das Altern und Altsein ist zwar beileibe nicht nur angefüllt mit guten, tröstlichen oder gar glänzenden Erinnerungen. Gedanken an geschaffte Herausforderungen, überstandene Zumutungen, eingelöste Versprechen, glückliche Entscheidungen. Wie schön. Aber es mahnen auch hinterlassene Trümmerfelder, nicht eingehaltene Versprechen, quälende Tribunale und schuldig gebliebene Antworten.

Das Vergessen der Vergangenheit hat deshalb auch eine befreiende Wirkung. Vor geraumer Zeit habe ich versucht, in der Stadt, in der ich studierte und in einem kleinen Dachzimmerchen mit kaltem Wasser auf dem Flur hauste, mir das Haus und überhaupt den Weg zu vergegenwärtigen, den ich während meines Studiums tausendmal unter die Füsse genommen habe. Nichts ist geblieben. Straßen und

Häuser habe ich damals gar nicht gesehen. Mein Gedächtnis weigert sich, diese Zeit überhaupt zu erinnern. Aber Tatsache ist, dass immer mehr Menschen immer mehr Zeit haben, sich an Vergangenes zu erinnern und damit ihr Leben zu beschließen. Diese Fristerstreckung ist epochal neu und von größter anthropologischer, die Existenzweise des Menschen betreffender Bedeutung.

Das neue Altern

Über das Altern haben zwar in den vergangenen Jahrhunderten zahlreiche Philosophen und Geschichtsschreiber nachgedacht und dazu, wie etwa der zur Zeit Christi lebende römische Philosoph und Dramatiker Seneca vor mehr als zweitausend Jahren schon kluge und heiter stimmende Bemerkungen und freundliche Beschwörungen eines weisen Alters verfasst. Große Philosophen wie Hegel (1770–1831) oder Schelling (1775–1854) haben lange Zeit später ingeniöse Theorien des Alterns entwickelt.

Für Georg Wilhelm Friedrich Hegel folgen individuelle Lebensgeschichte und Weltgeschichte dem gleichen Muster. Die fünf Gestalten, in die er die Weltgeschichte einteilt, Kindesalter, Knabenalter, Jünglingsalter, Mannesalter und Greisenalter sind der individuellen Geschichte entnommen. Die fünfte Gestalt, das Greisenalter, in der sowohl die Kräfte der weltlichen und geistigen Versöhnung wachsen, beinhaltet für Hegel so etwas wie eine Vollendung für die Person gleichermaßen wie für die Geschichte. Geist und Geschichte kommen zu sich selbst. Und Geist und Geschichte versöhnen sich. Vollendung und Versöhnung im Diesseits – ein heilsgeschichtlich geprägter, schöner Gedanke. Der sich auch nachempfinden lässt, selbst bei Besuchen in Alteneinrichtungen. Wie wenn sich der Geist schon aus dem Körper herausgelöst hätte und als eine Art schwebende Verheißung das leise Miteinander im Speisesaal überwölbte.

Aber heute haben wir es mit einem anderen Altern zu tun. Alle, nicht mehr nur Philosophen und Literaten, altern. Die ganze Welt altert, auch wenn drei Viertel der Weltbevölkerung diese Phase der demografischen Evolution erst in den nächsten Jahrzehnten erreichen. Wir erleben ein bald allen mögliches, massenhaftes Altern. Das Altern ist nicht mehr exklusiv, sondern demokratisiert. Über das Altern zu schreiben ist nicht mehr die Domäne kluger Philosophen. Sondern – ein Blick in die Ratgeberliteratur genügt – etwas für alle. Das moderne Altern ist ein Altern, mit dem alle rechnen können. Wie immer übrigens der physische Alterungsprozess fortschreitet, die geistige Rückwendung auf das eigene Leben ist niemandem verwehrt.

Seneca, der schon erwähnte römische Schriftsteller der Antike (ca. 1 v. Chr. – 65 n. Chr.), hat eine Schrift mit dem Titel »De brevitate vitae« (»Die Kürze des Lebens«) verfasst. Heute würde er sich über die Länge des Lebens Gedanken machen. Das Buch müsste den modernitätsgemäßen Titel »De vita longa«, »Über die Länge des Lebens« tragen. Das Buch Hiob des Alten Testamentes beklagt das kurze Leben: »Der Erdenmensch, vom Weib geboren, an Tagen arm und unruhsatt, geht gleich der Blume auf und welkt, flieht wie ein Schatten und besteht nicht lang« (Hiob 14.1,2). Norberto Bobbio (1997) beklagt wie viele Zeitgenossen, am eindrücklichsten Simone de Beauvoir (1972), das (zu) lange Leben.

Hätte dieses von Hiob so vermisste neue Altern, hätten diese gewonnenen Jahre einen offenkundigen Sinn, einen Sinn wie die Jugend oder das Erwachsensein, das Altern wäre einfacher. Die Bühne, auf der die gewonnene Zeit angesagt ist, bietet zwar eine Unzahl von Sinnfacetten und Platz für allerhand Allotria. Aber gleichmäßig ist, wie immer sich einzelne Junggebliebene dagegen wehren, von Nachlassen und Loslassen die Rede. Wir hören von den Schrecken des Schwächerwerdens, dem Greisenalter, von Demenz und Alzheimer. Von Hilflosigkeit und Entkräftung. Von zunehmender Schlaflosigkeit (Lütkehaus, 2011; Bobbio, 2006).

Der Ruhestand ist unter diesen Vorgaben weniger ein schönes als ein böses Erwachen. Statt dass er beruhigte, alarmiert er. Nicht eine irgendwie gedachte Vollendung bahnt sich an, sondern Düsternis. Es fehlt nur noch die Seniorenklappe. Kein abendliches Dämmerlicht. Die schönen und beruhigenden Bilder alter Männer auf dem Dorfplatz südlicher Kleinstädte – fehlen. Verloren warten die Menschen an Orten, wie sie der amerikanische Künstler Edward Hopper in seinen Bildern vergegenwärtigt hat, Stilleben mit vor Angst erstarrten Menschen. Nichts erinnert an selige Müdigkeiten, wie sie etwa Peter Handke in seinem »Versuch über die Müdigkeit« (2001) so einfühlsam beschrieben hat. Der Ruhestand, in den immer mehr Menschen fallen, ist dunkel, unerhellt, sinnfinster. Und wird länger und länger.

Zwar tut man dem Altern unrecht, wenn man es nur in seiner physiologisch-biologischen, körperlichen Dimension betrachtet. Wie immer Körper und Geist auseinanderklaffen, sie sind in unterschiedlichen Geschwindigkeiten vom Nachlassen beeinträchtigt. Wir erleiden Einbußen an geistiger und physischer Beweglichkeit. Obwohl selbst diese ihren tieferen Sinn haben. Der Zeitpunkt des Beginns dieses Ruhestandes wurde vor über hundert Jahren beschlossen. Damals war das Eintreten in ihn etwa gleichzeitig der Zeitpunkt des durchschnittlichen Ablebens. Die Menschen verfügten über eine Lebenserwartung von weniger als vierzig Jahren.

Zeit innezuhalten und nachzudenken gab es nicht. Keine Zeit wie die, von der wir jetzt zehren und die wir mit Sinn zu füllen suchen! Das Leben war kurz, das Sterben jäh, das Altern ein seltenes Geschenk. Das hohe Alter war eine besondere Gnade Gottes. Wenige konnten vielleicht noch einige Jahre der Ruhe erleben, sofern sie nicht vorher, mitten im Arbeitsleben stehend, verunfallt oder verstorben waren oder, von einer Infektionskrankheit ergriffen, das Zeitliche, wie es schön altmodisch heißt, »gesegnet« haben.

Das Irdische mit Segen versehen und umgeben von den Angehörigen sterben: ein Motiv für Biedermeier-Bilder! Idyllen, auch wenn sie das Sterben betreffen! Zeit zum Nachdenken über das eigene Leben war nämlich wenigen geschenkt. Erst in den letzten zwei Jahrhunderten wurde die recht eigentlich barbarische Verstümmelung, das Fehlen des letzten Lebensabschnittes und das Menschenleben in einem formalen Sinne vervollständigt, ganz. Das immer länger sich dehnende Leben hat seinen Sinn noch nicht gefunden, obwohl die Zeit und das damit geschenkte Moratorium, sich darüber Gedanken zu machen, täglich wächst.

Und schließlich: Wie immer das Altern und das Altsein derzeit in einer Fülle von Büchern und Pamphleten als eine gegenüber der Jugend und der Erwachsenheit abfallende und von Desastern, von Sorge und Not geprägte Phase beschrieben wird, nicht nur das Verblassen der christlichen Heilsgeschichte hat zu einer sukzessiven Abkehr von einer biologistischen Deutung des Lebenslaufes geführt. Immer ist der Mensch angetreten, seine Natürlichkeit kulturell zu definieren und zu überformen, immer hat der Mensch aus Defiziten und scheinbaren Nachteilen gegenüber der Tier- und Pflanzenwelt Vorteile gemacht. Der Mangel an Instinkten wird zur Gabe der Offenheit, der Mensch tritt an, aus Vorgaben Aufgaben und aus Aufgaben Deutungen und Lesarten zu machen.

Eine Deutung, welche nicht mehr einen Zenit und was vor ihm kommt als Aufstieg, und was nachher folgt als Abstieg definiert, eine Deutung, welche allen Lebensphasen ihr eigenes Recht zugesteht, eine Deutung schließlich, welche davon ausgeht, dass den Lebensphasen in der Geschichte ein unterschiedliches Gewicht zukomme und dass sich das auch wieder ändern könne, erhält derzeit eine besondere Relevanz durch die Tatsache, dass sich die biologistischen Analogien zwar gelockert haben, aber die institutionellen umso kräftiger in den modernen Lebenslauf eingreifen und diesen segmentieren.

Das große Moratorium

Ein Moratorium ist, so das Lexikon, eine Entscheidung, eine Sache aufzuschieben oder sie für eine befristete Zeit zu unterlassen. Dies geschieht in der Regel dann, wenn eine Vielzahl von Alternativen zu prüfen ist. Was das Altern betrifft, sind die Alternativen, weil solches Altern neu ist, Experimente. Kleine Moratorien kennen wir alle: Der Zug hat Verspätung, eine Verabredung wird kurzzeitig abgesagt, eine Lücke im Zeitablauf tut sich auf, der Sturz mit dem Fahrrad erfordert Bettruhe. Auch kleine Auszeiten im täglichen Lebenslauf, die alsbald vorbei sind, kurzzeitige Aussetzer, die plagen oder erfreuen: Wer kennt sie nicht! Ein großes Moratorium hingegen ist die Entscheidung, etwas auf unbefristete Zeit auszusetzen. Sich von etwas zu verabschieden, was sich nicht bewährt hat, was bezweifelt wird, was, bis es geklärt ist, auf Eis gelegt wird. Wir verabschieden uns von den Kurzlebigkeitsgesellschaften, die die vergangenen Jahrhunderte prägten. Insofern die gewonnenen Jahre geschichtlich neu sind, harren sie, wie Disketten-Rohlinge, ihrer Beschriftung.

Umso schärfer und prägnanter ist die Erwachsenenzeit als Erwerbszeit definiert. Vor dem Moratorium ist das Leben ein aktives und ein tätiges, aber auch gestresstes und gepresstes Leben. Ein Vorwärtsmarsch-Leben! Kein Gleiten, sondern ein Stolpern und Hasten auf eine mysteriöse, heilsversprechende Zukunft zu. Ein Leben in Zeitnöten, unter Zeitnutzungsbefehlen. In dem Funktionieren verlangt und Innehalten verboten ist, jedenfalls in der Regel. Eingespannt in die erwerbswirtschaftliche Arbeit, gerahmt von den Verpflichtungen von Familie und Alltag, erlebte man dieses als ein Leben der Marschbefehle, der Termine, der Aufgaben. Man hat das Leben mit seinen Imperativen zu ertragen wie ein Ross im Geschirr. Man lebt, wie es Heiner Geißler nennen würde, in einer autoritären »Basta-Gesellschaft«. Es hagelt Befehle. Es gibt unter dem Joch einer Befehlsgesellschaft wenig Zeit, über den Sinn des Lebens nachzudenken. Man kommt in der Hitze der modernen Gesellschaft gar nicht dazu, das Leben zu vergegenwärtigen. Das Leben wird, je länger man lebt, zwar weniger, aber die Länge der Erzählzeit nimmt mit der Dehnung der Lebensspanne zu. Und damit die Möglichkeit der Sinnfindung.

Die gewonnene Zeit ist eine Fristerstreckung, die die Möglichkeit birgt, sich das bisherige Leben zu vergegenwärtigen. Wir gewinnen gewissermaßen eine biografische Post-Histoire, eine Nach-Zeit. Gott ist in der biblischen Geschichte ein Gott der Apokalypse, der befristeten Zeit (Metz, 1999). Das vormoderne Leben war in einem einsehbaren Sinne nicht nur befristet, sondern unvollständig. Die naturwüchsige Abfolge von Lebensstadien, wie sie sich bei allen Organismen zeigt, wurde eines Gliedes beraubt. Die Lebensentwicklung war unabgeschlossen. Es erging dem

Menschen wie einem Bergsteiger, der, auf dem Gipfel angekommen, abstürzt, statt dass dem Aufstieg die Gipfelruhe
und dann der Abstieg folgen könnte. Es fehlte dem Leben,
wenn der Mensch auf der Höhe seiner Kraft und Leistungsfähigkeit dahingerafft wurde, die Schlussform. Der Sonate
letzter Satz. Des Buches Nachwort. Die Abrundung und
Vervollständigung.

Gehören Werden und Vergehen aber nicht zusammen?
Bilden sie nicht eine Einheit, die im vormodernen Leben
gar nicht vorhanden war, durch die Lebensumstände zer-
stört wurde und deshalb durch die Ewigkeitserzählung
kompensiert worden ist? Alle organischen und physikali-
schen Dinge zerfallen. Ein Leib, der nicht altert, ist eine
irritierende Vorstellung. Aber auch der Tod in der Mitte
des Lebens. Eine Erzählung, die dem in der Mitte des Lebens dahingerafften Menschen den tröstlichen Glauben
an eine Abrundung in einem anderen jenseitigen Leben
anbot? War diese Erzählung nicht die segensreiche Kom-
pensation eines unvollendeten Lebens, das, weil auf Erden
gestutzt, im Himmel großartig gedeihen konnte?

Verkürzter Lebenslauf

Es ist hart zu sagen, dass das vormoderne Leben mit seinem frühen und plötzlichen Tod eine um das gemächliche
Verblassen und Vergehen des Lebens unfertige und unbe-
friedigende, fragmentarische Seinsform war. Wenn das
Leben in der Mitte des Lebens endet, bleibt es ein halbes

Leben. Ob ein Leben vollständig ist oder nicht, ist selbstredend keine allein kalendarische Frage, sondern ergibt sich aus der je individuellen Einschätzung. Aber vollständig lässt sich erst das heutige Leben nennen. Früher endete es in der Regel mit einem Unglück, einem Unfall, einer Krankheit, einem Säbelhieb. Es gab kein Leben mehr nach dem Erwachsenenleben. Das Leben wurde vom Tod erbarmungslos gestoppt. Dem Leben fehlte etwas, nicht nur in seiner physiologisch-biologischen Entwicklung, sondern auch in seiner psychologischen und sozialen. Obwohl die letzten Spielzüge nicht nur gleich wichtig wie die ersten sind, sondern häufig die wichtigsten. Wie die letzten Pinselstriche beim Malen eines Bildes.

Insofern komplettiert das heutige Altwerden das Leben und bringt gleichzeitig jede Form von Ewigkeitsvorstellung in einer anderen Welt in Schwierigkeiten. Hölle, Fegefeuer und Paradies in einer anderen Welt entfallen. Altern ermöglicht erst eine Verarbeitung, eine Nacharbeit, eine Nachreichung, vielleicht auch Vergebung und Verzeihung nach der Veranstaltung eines Lebens, das in der Regel voller Hektik und voller Wirrnisse war. Die meisten Bücher über Väter und Mütter sind Annäherungs- und Versöhnungsversuche, die es ohne ein Altwerdenkönnen gar nicht gäbe. Das gilt auch für die erstaunlichen Liebesgeschichten über demente Väter oder Mütter oder Paare! Von Jonathan Franzen über Arno Geiger bis zu David Sieveking: Was bleibt für Söhne und Töchter nicht alles rätselhaft an ihren Eltern? Und was blieb in einer Liebesbeziehung in der Hektik des Lebens nicht alles ungesagt?

Dante Alighieri hat seine im 14. Jahrhundert verfasste »Göttliche Komödie« mit dem Vers eingeleitet: »Als unseres Lebensmitte ich erklommen, befand ich mich in einem dunklen Wald, da ich vom rechten Wege abgekommen«. Eher ist man heute der Mitte des Lebens entronnen und lässt den dunklen Wald eines strengen Lebens im Alter hinter sich. Müde ist der Körper, hellwach ist die Erinnerung, der Geist überhaupt. Er entfaltet sich in der Ruhe des Körpers. Er arbeitet im Kopf. Er erzeugt eine manchmal ätherische, manchmal eine schmerzliche Nachdenklichkeit. In gleichem Maße, wie sich die Zukunft verkürzt und das Leben weniger wird, ist man wacher, vergangenheits- und gegenwartsbewusster. Man sieht, was man immer gesehen hat, aber neu und anders. Der Sonnenaufgang, die neblige Stimmung, den Herbst, die fallenden Blätter, sich selbst. Der Körper sinkt gleichsam in die Natur zurück, der Geist arbeitet sich aus ihr heraus. Nicht ohne Grund fällt einem die Metamorphose des Schmetterlings ein. Die psychologische Seite des Alterns kommuniziert mit der biologisch-physiologischen, die Geistseite mit der körperlichen.

Das Altern, in das alle Menschen, die einen früher, die anderen später, die einen mit Freude, die anderen unter heftigster Gegenwehr hineingeraten, offeriert Zeit für eine neue Sinnfindung. Das Geschenk ist ein Zeitgeschenk. Man kann das Altern nicht mehr zeitvergessen leben. Nur Tiere leben so. Wirkliches Leben als zeitvergessenes Leben zu umschreiben, kann nur jemand, für den Zeitlichkeit eine Qual ist. Aber wie das Leid sich verdoppelt, wenn man es erinnert, wie der Schmerz unendlich größer wird, wenn man ihn reflektiert, ist auch das Bewusstsein, Zeit zu haben, ein seltsames und großes Glück. Die Reflexion wird bei gebrechlichem Körper oder schwerer Krankheit sogar dringlicher. Die Verminderung der Kräfte lässt umso heftiger die Sinnfrage aufkommen.

Vom Sinn der Ewigkeitserzählung

In der Summe bleibt der Befund, dass in der Vormoderne das durchschnittlich so kurze, karge und häufig trostlose Leben zwar mit Sinn versehen war. Aber in einem anderen Leben. Man starb unversöhnt mit dem Leid des Lebens. Das Seufzen ob des frühen Todes ertönte hundert- und tausendfach. Die biblische Apokalyptik und die in sie eingelassene christliche Heilsgeschichte bot eine beruhigende und dem Einzelschicksal meist gnädige Ewigkeitserzählung an. Der Glaube an sie zähmte und befriedete gerade das frühe Sterben. Die irdische Unfertigkeit wurde im Himmel rückgängig gemacht. Dort erst vollendete sich ein Menschenleben. Unruhig, so heißt es bei Augustinus, war das Herz, bis es ruht in ihm, dem ganz anderen in einer ganz anderen Welt.

Der Tod war dementsprechend ein zentrales Ereignis, wohingegen das Altern wenig Aufmerksamkeit beanspruchte. Es war, wie erwähnt, selten und verfügte nicht über die kritische Masse für eine, wie wir das heute nennen würden, Aufmerksamkeitserregung. Der Tod war Konvergenzpunkt des Lebens, einer heilsgeschichtlich geprägten

Seinsdynamik. In ihm eröffnet sich der christlichen An-
schauung gemäß eine andere, eine ewige Zeit. Diese kom-
plettierte ein leidvolles, mit den Menschen grob umsprin-
gendes Leben in einer überirdischen Versöhnung. Im Tod
blüht das christlich gedeutete Menschenschicksal gleichsam auf. Er ist Sterben und Wiederauferstehen in einem.
Dem christlichen Glauben ist der Tod der Sünde Sold, die
Strafe für die Verfehlungen im Paradies (Röm 6,23). Er ist
aber nicht nur Strafe, sondern gleichzeitig Trost und Erlösung, denn er bildet die Brücke zwischen einem leidvollen
und tränenreichen Diesseits und einem glücksverheißen-
den Jenseits.

Inmitten einer dumpfen, unheilschwangeren, bedroh-
ten und dem Untergang geweihten Welt hat das Christentum wie auch andere Weltreligionen dem frühen Tod mit
der ihm zugeschriebenen Übergangsfunktion den Stachel
genommen. Die Ersatzwelt, die gleich einem prächtigen
Baldachin über das irdische Leben gespannt worden ist, hat
für die Gläubigen die Tränen im Diesseits vergessen lassen.
»Wer nie sein Brot mit Tränen aß, wer nie die kummervol-
len Nächte auf seinem Bette weinend saß, der kennt euch
nicht, ihr himmlischen Mächte«, lässt Goethe im »Wilhelm
Meister« den Harfenspieler singen. Haben die Ahnen- und
Totenkulte, wie wir sie insbesondere aus afrikanischen
Ländern kennen, in denen die Ahnen verehrt und befragt
werden, ihren Ursprung nicht auch in einem in der Regel
frühen, zu frühen Tod? Sie ermöglichen in ähnlicher Weise
wie die christliche Ewigkeitserzählung eine Versöhnung
mit dem zu frühen Ableben. Die Ahnen sind da, körperlich,

Geschenktes Leben

spirituell oder symbolisch. Der späte Tod indes ermöglicht irdische Versöhnung. Der Ahnenkult verliert seine natürliche Grundlage. Das ewig lange irdische Leben bietet Zeit zur weltlichen Sühne. Die letzte Lebenszeit ist Zeit für die Aufarbeitung dessen, was keine Zeit fand.

Das Christentum hatte zum Altern nur Knappes anzubieten, weil es das Altwerden in der Zeit der biblischen Geschehnisse nur selten gab. Gott war zwar ewig, unendlich alt, und Zuflucht fanden die Christen bei ihrem »alten« Gott (5. Mos, 33, 27). Aber alt wurden, wie es in den Psalmen des Alten Testamentes heißt, im Unterschied zu heute nur »einige« (Sir. 8, 7.9–12). Wenn im Alten Testament davon die Rede ist, dass Abraham 930 Jahre alt wurde und Methusalem 969 (1. Mos. 5.21), so sind das Angaben nach dem damals gebräuchlichen Mondkalender. Gott war alt, auch die Schlangen und die Teufel. Alt war ein Synonym für etwas Seltenes und Absonderliches. Jesus Christus hingegen starb jung. In der Barockzeit werden die Engel jung, spitzbübisch, zu feixenden Knäblein! In der christlichen Ewigkeitserzählung blieb das lange Gleiten, das Immer-älter-Werden aus einsehbaren Gründen eine Leerstelle. Es gab kein massenhaftes Altern, wie es die modernen Gesellschaften aufzuweisen haben. Das Leben war kurz, um die Altersphase gestutzt, und wurde auf seinem Höhepunkt beendet. Das bestimmt auch die frühen Hochkulturen des Alten Orients, die Zahl der Alten blieb gering.

Ein langes Leben hat gewiss auch seine Widrigkeiten, seine Peinlichkeiten und Nöte. Ganz zu schweigen von der unerbittlich mit dem Nachlassen der Kräfte stärker werdenden Melancholie. Es ist keineswegs nur eine Zeit der Versöhnung, Erlösung und Vollendung. Das wäre eine unlautere Verharmlosung. Aber das moderne Leben hat mit dem Wachstum der Lebenserwartung eine Dimension gewonnen, eine Dimension, die dem Leben im Mittelalter abhanden gekommen war. Heute werden nicht mehr wie im Alten Testament nur einige, sondern fast alle alt. Sicher, je länger man lebt, desto einsamer man wird. Weil die Frauen durchschnittlich älter werden, trifft es insbesondere sie. Es können eisige Höhen sein, die einen empfangen. Die Zwiesprache mit Gleichaltrigen (und auch mit noch älteren) versiegt. Man wird zum Echoraum der eigenen Befindlichkeiten.

Aber stirbt man, je älter und einsamer man wird, nicht auch einfacher? Der Wunsch, der zeitlichen Begrenzung zu entrinnen, gilt nicht für das Leben, das dessen Länge schmerzlich erfahren muss. Der Wunsch, den Tod zu überwinden, lässt sich nur für das gesunde und beglückte Leben denken, nicht für das leidvolle. Aber zum Vergehen zählt auch das Gehen der Freunde, vielleicht der Lebenspartner, der Mitglieder der Familie. Das Altwerden vervollständigt einen in der Vormoderne gekürzten Lebenslauf. Einer häufig schweren und entbehrungsreichen Kindheit folgte ein strenges Leistungs- und Arbeitsleben. Und ein früher, plötzlicher Tod. In der Langlebigkeitsgesellschaft wächst dem Leben ein Altern zu, das in der Vormoderne nur wenigen vergönnt war. Eine Zeit tut sich auf, in der man Zeit hat. Man kann nicht sich freuen, wenn man keine Zeit zum Sichfreuen hat, und man kann ebenso wenig trauern ohne

Zeit zum Trauern. Und von sich selber erzählen, wer kann das, ohne Zeit dazu zu finden? Die Komplettierung des Werdens durch das Vergehen, des Blühens durch das Verwelken normalisiert einen Lebenslauf, der in der Vormoderne, von seltenen Ausnahmen abgesehen, gestutzt war. Und befriedet mit zunehmendem Alter jene Vollendungssehnsucht, die in vormodernen Zeiten, in der ganzen bisherigen Geschichte so jäh durch den frühen Tod gebrochen wurde.

Vom halben zum ganzen Leben

In seinen autobiografischen Notizen bemerkt Peter Sloterdijk (2012), dass man nie so viel Zeit habe, wie man brauche, um alles richtig zu machen. Es stimmt, man hat nie so viel Zeit. Aber man hat genug Zeit, um zu einem solch stimmigen Satz zu gelangen. Das Leben, ob es nun das dritte Alter, das neue Alter, »Best Aging« oder Langlebigkeit genannt wird, birgt eine Zeit, die das mittelalterliche Leben nicht bot. Und Zeit wiederum bringt, wie man sagt, Rat. Der demografische Übergang ist so gesehen ein Übergang von einem halben zu einem ganzen Leben. Mit dem Altern gewinnt das Leben zwar noch keinen lebensdienlichen Abschluss. Die Fristerstreckung muss auch genutzt werden. Aber sie ermöglicht einen solchen. Damit erschöpfen sich jene Erzählungen, die einem unfertigen Leben Trost versprachen und die Vollendung, die Ganzheit in ein anderes, ein jenseitiges Leben verwiesen und damit die irdische Unvollständigkeit kompensieren konnten.

Das neue Altern ist freilich noch experimentierend und deutungsoffen. Lebendigen Leibes in den Himmel zu kommen, stünde für einen profanen Abklatsch der Ewigkeitserzählung. Wir sind vielmehr aufgerufen, eine würdige Schlussform unseres Lebens zu finden. Dass man in dieser Welt nie ganz werden kann, dass man einen anthropologischen Defekt mit sich herumträgt, und dass dieser Defekt erst im Himmel, in der Zwiesprache mit Gott sich heilen lässt und das große Moratorium vielleicht keine Erlösung wie die christliche Heilsgeschichte zu bieten vermag – wohlan. Viele Antworten bleibt man schuldig und viele bleibt einem auch die Welt schuldig.

Zeit bringt, wie gesagt, Rat. Altern allein bringt noch keine Orientierung. Aber es verändert die Voraussetzungen für Sinn-Findung. Ohne Altern keine Zwiesprache mit ihm. Arthur Schopenhauer schreibt in den »Aphorismen zur Lebensweisheit« (1966): »Die ersten vierzig Jahre unseres Lebens liefern den Text, die folgenden dreißig Jahre sind Kommentar dazu ...« Korrigieren müsste er heute, hundertfünfzig Jahre später, die Angaben zu den Lebensjahren. Die ersten sechzig Jahre sind es heute, die den Text liefern und die folgenden zwanzig sind der Kommentar dazu.

Auf einem langen Spaziergang an einem verträumten Herbstnachmittag, den wir mit einer Witwe unternahmen, deren Mann, ein lieber Freund von uns, kürzlich verstorben war, kam die Rede immer wieder auf ihn. Ein kurzes Leben hätte diese Möglichkeit nicht bieten können. Nur wer alt wird, kann das Leben so besprechen. Was das Alter uns schenkt? Zeit. Und was diese Zeit uns ermöglicht? Ein Nachdenken über das Verhältnis zu uns, zu unserer Mitwelt und zur Welt überhaupt. Zurück von einem Seminar über Altern fällt mir der Gedanke ein, dass es Seminare über Altern nur gibt, wenn es Alte gibt. Die gewonnenen Jahre sind ein Geschenk. Sie machen unser Leben erstmals im Sinne einer Lebenszusammengehörigkeit von Werden und Vergehen ganz.

2
Vorzüge alternder Gesellschaften

Eine älter werdende Bevölkerung mit tiefen Geburtenraten und wenig Kindern gehört zum in den letzten zwei Jahrhunderten errungenen Kulturgut westlicher Gesellschaften. Dass die Menschen in unserem Kulturkreis in den letzten zweihundert Jahren mehr Lebenserwartung gewonnen haben als in den zehntausend Jahren vorher, ist keine beklagenswerte Entwicklung, sondern eine bewundernswerte Leistung. Freiheitliche, offene Gesellschaften ermöglichen es ihren Menschen, sich nicht nur für ihre Frisur, ihre Kopfbedeckung oder ihr Auto zu entscheiden, sondern auch für ihren Lebenspartner, ihre Lebensweise und eben auch selbst zu bestimmen, ob sie Nachkommen haben wollen oder nicht.

Altern als Kulturgut

Die demografische Struktur Deutschlands, der Schweiz, Österreichs und anderer europäischer Länder ist keine unnatürliche oder gar kranke, sondern eine durch die Hebung des Lebensstandards und die autonomen Entscheidungen von Millionen von Paaren zustande gekommene Errungenschaft. In modernen Gesellschaften »entziehen« sich die Menschen nicht der Reproduktion, wie es gerne und denunzierend gesagt wird, sondern »entscheiden« sich, ob sie Kinder haben wollen oder nicht. Die demografische Evolution hat ihren Höchststand in den modernen Gesellschaften Europas erreicht, eine demografische Evolution, die sich Schritt um Schritt von hohen Geburtenraten und niedriger Lebenserwartung hin zu Gesellschaften mit tiefen Geburtenraten und hoher Lebenserwartung bewegt hat. Europa steigt auf, nicht ab. Europa hat sich zum Glück aus dem Kreis jener Länder verabschiedet, die eine hohe Geburtenzahl und eine, was meist ungenannt bleibt, tiefe Lebenserwartung haben. »Top« sind die Länder mit der höchsten Lebenserwartung und der tiefsten Geburtenzahl, nicht umgekehrt!

Die Vorzüge unserer demografischen Situation sind bei allen Herausforderungen, die sie birgt, offensichtlich. In gebotener Knappheit lassen sie sich in drei Gruppen zusammenfassen. Was den ersten Vorteil angeht, braucht es keine langen Beweisführungen. Nie, so die erste und doch rundum bejahte Errungenschaft alterszentrierter Gesellschaften, konnten so viele Menschen so gut und gesund alt werden wie heute. Das ist an erster Stelle zu nennen und Voraussetzung der weiteren, nachfolgend genannten Vorzüge. Darauf dürfen wir stolz sein. Dieses Wachstum an Lebensjahren ist in Europa stetig, auch wenn einzelne Länder, was ihre Bevölkerungszahl betrifft, schrumpfen. Die deutsche Bevölkerung wächst in naher Zukunft nicht mehr an Köpfen. Aber an Lebenszeit. Europa insgesamt wächst nicht mehr horizontal, sondern vertikal.

Gewiss, es herrscht auch Sorge, dass man zu lange lebt, dass der Tod nicht zu früh, sondern zu spät kommt. So dass er herbeigesehnt wird. Der Zugewinn an Lebensjahren wird dennoch, insbesondere mit Blick auf die Hochbetagten, meist nur in seinen Defiziten beargwöhnt und nicht in seinen Vorteilen, in seinen Potenzialen und seiner inneren Kraft gepriesen. Die brüchigen Spitzen der »Uralten« sind Gegenstand der Sorge, während der robuste Unterbau der Sechzig- bis Achtzigjährigen in seiner Dichte und Konsistenz kaum Erwähnung findet. Jugendzentrierte Bevölkerungen stehen weiterhin als Ideal im Vordergrund, während eine, wie man personalwirtschaftlich sagen könnte, ausbalancierte und beständige Bevölkerungsstruktur als gefahrdrohend eingeschätzt wird. Eine 17-Millionen-Schweiz, wie in einer Bankenexpertise gefordert, oder ein 150-Millionen-Deutschland, das sind die angstmachenden Vorstellungen, nicht schrumpfende Bevölkerungen.

Generative Hochkulturen

Der zweite große Vorzug moderner freiheitlicher Gesellschaften ist das mit der imposanten Steigerung der Lebenserwartung ermöglichte neuartige soziale und zeitliche Miteinander von nicht mehr nur zwei, sondern drei oder gar vier Generationen. Nicht nur die englische Queen thront an Geburtsanlässen inmitten ihrer Viergenerationenfamilie! Es entstehen, und zwar innerhalb von zwei Jahrhunderten, generative Hochkulturen. Gesellschaften mit nicht mehr nur zwei, sondern drei, nicht selten vier generativen, vielleicht bald fünf Stockwerken. Die Umschlagsgeschwindigkeit moderner Gesellschaften ist entsprechend langsamer. Ihre Nachhaltigkeit ist wegen ihrer längeren Verweildauer größer. Dank der Erfahrung und dem Wissen der länger lebenden Generationen erhält die moderne Gesellschaft jene Verankerung, die ihr in der expansiven Vitalität der letzten Jahrhunderte abhanden gekommen ist.

Wird von Generationenverträgen oder -kriegen geredet, wird diese Sachlage gerne übersehen. Stattdessen arbeitet man mit antiquierten Gegensätzen. Jung mit alt oder jung gegen alt – diese vertraute Gegenüberstellung lässt sich angesichts des Generationendurcheinanders aber nicht mehr halten. Mit penetranter Naivität werden dementsprechend in jeder neuen Studie Jung und Alt gegeneinander ausgespielt und Generationenkriege an die Wand gemalt. Dabei kommen ja nicht die Jungen für die Alten auf, sondern die Erwerbstätigen für die Jungen und Alten. Das Generationenverhältnis erfährt durch die höhere Lebenserwartung jedenfalls eine nie dagewesene Komplexität. Es ergeben sich neue Muster der Generationenkooperation. Denn für die Uroma ist die Oma noch jung.

Nie konnten in den historisch bekannten Gesellschaften so viele Generationen so friedlich neben- und miteinander leben. Die Chance zum intergenerationellen Kontakt über drei, nicht selten vier Generationen hinweg war nie so groß wie heute. Und konnte nie so lange dauern. Länger leben

Vorzüge alternder Gesellschaften

heißt, länger in die Welt hinein wirken können. Unsere Kinder haben weniger Geschwister, aber mehr Großeltern. In naher Zukunft wird es vermutlich mehr Großeltern als Enkel geben. Und die Großeltern haben Kinder und Kindeskinder. Es ist noch schwer voraussehbar, was es für unsere Familien bedeutet, wenn statt drei oder vier irgendwann, bei einer weitergehenden Alterung, sechs oder acht Generationen gleichzeitig am Leben sind. Bei einer Lebensspanne von 150 Jahren ließe sich damit rechnen, dass man seine Urururururenkelkinder kennenlernte und diese über mehr als hundert Großeltern (Urgroßeltern, Ururgroßeltern, Urururgroßeltern) verfügen würden (Kass, 2009). Moderne Gesellschaften sind Generationenwerkstätten. Sie sind nicht nur multiethnisch und multirassisch, sondern multigenerational.

Was es heißt, dass die Kinder nicht mehr nur ihre Eltern, sondern ihre Großeltern und häufig auch Urgroßeltern kennen und schätzen lernen, ist noch gar nicht abzusehen. Das kollektive Gedächtnis und auch das Wissen von der Vergangenheit und der eigenen Herkunft erhält eine völlig neue Qualität. Dass die Nutzung des Internets durch die älteren Generationen weniger intensiv erfolgt, ist nicht nur angesichts einer sich, wie es heißt, über den Computergebrauch ausweitenden »digitalen Demenz« vielleicht sogar von Vorteil. Die Großeltern zwingen als Computerabstinente die Kinder wieder in die Realitäten nichtdigitaler Welten zurück. In handgreifliche Bereiche, die sie ansonsten wohl nie zu Gesicht bekämen. In die Berge und Wälder.

Wie auch immer, jenseits der vierzig kann der Prozess der persönlichen Reife und des Kompetenzgewinns noch einmal über Jahre und Jahrzehnte weitergehen. In Kurzlebigkeitsgesellschaften war das nicht der Fall. Wer mit fünfundvierzig Jahren stirbt, wird nicht auf sein Leben zurückblicken können, wer mit fünfzig Jahren tot ist, kann nicht noch dreißig Jahre Lebenserfahrung und damit Kompetenzen auftürmen und sie den nachkommenden Generationen zugutekommen lassen. Sich erinnern an das, was war, kann nur stattfinden, wenn überhaupt etwas war, was erinnert werden kann.

Langlebigkeitsgesellschaften sind im wahrsten Sinne des Wortes auch nachhaltiger. Nachhaltigkeit lässt sich in kurzlebigen Gesellschaften nicht aufbauen. Es fehlt die Zeit. Eine Gesellschaft mit geringer Lebenserwartung muss alles neu entdecken und erfinden. Das Wissen, das Langlebigkeitsgesellschaften haben, kann aufgrund der tiefen Lebenserwartung und fehlender Zeit weder akkumuliert noch weitergegeben werden. Und es hängt an den wenigen, die überhaupt alt werden. Das kostet viel Kraft, die der tagtäglichen Verbesserung der Lebensverhältnisse dann fehlt. Die Kurzlebigkeitsgesellschaft erlaubt keinen heute so selbstverständlichen Umgang der Generationen miteinander. Denn Selbstverständlichkeiten brauchen Zeit, sie zu erfinden und so oft zu praktizieren, dass sie selbstverständlich werden.

Dass so viele Kinder von ihren Großeltern behütet und ausgeführt werden, ist darüber hinaus fundamental neu und zeigt ein ganz neues Generationenbild. Man mag über die modernen Väter und Großväter sagen, was man will, die Berührungsängste zu ihren Kindern und Kindeskindern sind geschwunden. Als Kriegs- und Nachkriegskinder können wir uns nicht erinnern, von unseren Großvätern spazieren geführt, gekuschelt und herumgetragen worden zu sein. Väter haben sich in diesen Zeiten mit Kleinkindern oder gar Säuglingen, wie das doch heute häufig der Fall ist, nicht vor das Haus geschweige denn auf die Straße gewagt. Heute werden Baby-Tragetücher für Frauen und Männer angeboten. Nicht ohne Stolz führen die neuen Väter ihre Babys im Kinderwagen und auch in farbenfrohen Trage-taschen aus.

Aber die Großväter werden seltener im hohen Alter. Und in Pflegeheimen und Betagteneinrichtungen sind die Männer weitgehend inexistent. Ab achtzig Jahren fehlen die Männer. Man darf nicht vergessen, dass die sogenannte Altersgesellschaft eine Frauengesellschaft ist. Was daraus der Gesellschaft für Vorteile erwachsen, bräuchte eine eigene Untersuchung. Die durchschnittliche Lebenserwartung des Mannes ist aus noch ungeklärten Gründen niedriger. Diese Feminisierung des Alters verschiebt die Balance zugunsten der Frauen. Weil die Frauen in einer ganz offensichtlichen Weise besser, das heißt selbstsorglicher und kinderfreundlicher altern als die Männer, ist das auch gut so. Auch angesichts der Tatsache, dass bei weniger Kindern und erhöhter Mobilität die Sorgenquote für die Kinder höher, manchmal untragbar hoch wird. Dennoch: Heute ist das Verhältnis der Generationen in aller Regel ein offenes und herzliches. Das bestätigen alle Untersuchungen über das Generationenverhältnis der letzten Jahre. Inwiefern diese generative Verbundenheit Potenziale für die Bewältigung der anstehenden Probleme in einer älter werdenden Bevölkerung birgt, ist abzuwarten.

Der alte Großvater und der Enkel

»Der alte Großvater und der Enkel« nennt sich ein Märchen der Gebrüder Grimm. Darin muss sich der Großvater, weil er mit seinen zittrigen Händen die Suppe verschüttet und ihm diese hin und wieder aus dem Mund fließt, wie ein Hund hinter den Ofen setzen. Weil er das irdene Geschirr zerbricht, bekommt er ein hölzernes Schüsselchen, aus dem er essen muss. Als die Familie zusammensitzt, trägt der kleine Enkel von vier Jahren kleine Brettlein zusammen. Wie der Vater ihn fragt, was er da mache, sagt er: »Ich mache ein Tröglein, daraus müsst ihr essen, wenn ich groß bin«. Daraufhin schauen sich die Eltern an, fangen an zu weinen und setzen den Großvater wieder an den Tisch.

Großväter waren zu Zeiten der Gebrüder Grimm, als die Lebenserwartung weit geringer war als heute, selten. Die wenigen Alten hatten ein schweres Los. Sie wurden in Einrichtungen, die dem Sterben und nicht dem Leben dienten, abgeschoben. Wo es kein massenhaftes Altsein gibt, macht man sich wenig Sorgen um das Altsein, um das eigene und das fremde. Die Jungen von heute hingegen sehen im Leben der Eltern und Großeltern ihre eigene Zukunft. Sie lernen anders als früher, wo sie die Großeltern meist gar nicht kannten, dass sie auch einmal alt und vielleicht Groß- oder gar Urgroßeltern werden. Sie geben ihren Eltern und Großeltern wohl gerne zurück, was sie von ihnen erhalten haben. Und sorgen für sie, wenn sie selber umsorgt worden sind, lieben sie, wenn sie geliebt worden sind. In großen Schulzentren kommt man wegen des Kinderschwundes auf kleinere Einheiten zurück, und die Pädagogen entdecken die Vorzüge altersgemischter Klassen wieder. In jahrgangsübergreifenden Schulen lernen die Schüler den Umgang von älter mit jünger und jünger mit älter. Und sie lernen Kinder kennen, die ein Alter haben, in das sie selber einmal eintreten werden. Das macht sie freundlich im Urteil. Die Vorteile von generativen Hochkulturen sind ähnlicher Natur.

Die Kinder von heute erleben inmitten der vielen Generationen einen neuen Reichtum in der Gesellschaft. Die vertikale Achse gewinnt an Kraft. Es ist schon möglich, dass die Großeltern gegeneinander ausgespielt werden. Wir, die fünf Großeltern unserer drei Enkel Mara, Tristan und Nora kennen das gut. Aber dem Generationenverhältnis wohnt, das zeigen alle verfügbaren Daten, heute ein ausgesprochen friedlicher Geist inne. Selten wird gesehen, dass es eigentlich immer die mehr oder weniger Gleichaltrigen sind, die einander beneiden, miteinander streiten und sich bekriegen. Wie Meinhard Miegel (2010) bemerkt, sind heute schon aus rein demografischen Gründen Kriege, wie wir sie in der ersten Hälfte des 20. Jahrhunderts in Europa erlebten, undenkbar geworden. Ein Aufflackern der Kampfeslust ist angesichts schwindender körperlicher Kräfte gegenüber jüngeren Semestern nicht ratsam. So wenig wie das Komasaufen. Wenn sie sich gleichwohl regt, so stoppt sie nicht die Menschenfreundlichkeit, sondern, wie Aristoteles bemerkte, die Schwäche.

Wunschkinder

Und schließlich: Nie waren in den bisherigen Gesellschaften die Kinder im Prinzip Wunschkinder. Das ist der dritte eminente und so selten gesehene Vorzug einer modernen Langlebigkeitsgesellschaft. Ungeplante Kinder gab und gibt es weiterhin. Auch bei uns. Die demografische Marginalisierung der Kinder und Jugendlichen gegenüber den älteren Menschen ist, könnte man überspitzt formulieren, eine Folge der mit den Kontrazeptiva gewonnenen Verantwortung über das Kinderhaben. Die nachlassenden Kinderzahlen und die sinkenden Geburtenraten sind keineswegs ein Sich-der-Reproduktionspflicht-Entziehen, sondern das Ergebnis einer Gesellschaft, in der sich zum ersten Mal in der Geschichte Frauen, Männer und Paare entscheiden können, ob sie Kinder haben wollen oder nicht. Dass sich gerade eine schweizerische Umweltinitiative namens Ecopop (Ecologie et Population) dafür einsetzt, dass ein Teil der Entwicklungsgelder fest für die Familienplanung in den ärmsten Ländern verwandt werden sollte, oder dass die Bill-Gates-Stiftung afrikanischen Frauen den besseren Zugang zu Kontrazeptiva ermöglichen will, korrigiert richtigerweise die Defizite einer Hilfe, die nur medikal oder materiell ist.

Kinder zu haben ist überdies weder eine politische noch eine wirtschaftliche und auch keine Vorsorge-Pflicht. Sondern obliegt modernitätsgemäß der Verantwortung der Eltern. Zum Glück wurde die Kinderzeugung von der biologischen Grundlage gelöst und der Eigenverantwortung unterstellt. Eigenverantwortung von Eltern hat keineswegs, wie häufig behauptet wird, nur deren eigenen Vorteil im Auge, sondern sicherlich ebenso häufig das Wohl des Kindes. Das Kindeswohl muss das Kriterium sein und nicht das Wirtschaftswohl oder ein ominöses Überlebenswohl von Gesellschaften.

Die Sorge um eine ungewisse Zukunft ist mit ein Grund, dass viele Paare sich gegen Kinder entscheiden. Denn die Zukunft lässt sich immer weniger voraussehen. Gesellschaften, die Gewissheiten repetieren und autoritäre Basta-Gesellschaften, in denen befohlen und gehorcht wird, verfügen über sichere Zukünfte. Wenn Menschen die Geschichte aber machen, dann werden die Zukünfte ungewiss. Nichts ist dann, um Niklas Luhmann zu zitieren, so gewiss wie die Ungewissheit der Zukunft. Und neu, wie ein hübsches Bonmot heißt, ist etwas nur, wenn es nicht voraussagbar ist, sonst wäre es nicht neu. Das macht Eltern sorgenvoll, was ihre eigene und was die Zukunft ihrer Kinder betrifft. Sie fragen sich, ob ihre Kinder in einer künftigen Welt gut leben können. In einer Welt, die immer weniger voraussehbar ist.

Wenigkinderglück

Wer beklagt, dass mit der Verbreitung der Kontrazeptiva der Kindersegen früherer Gesellschaften unterbunden worden ist, darf nicht vergessen, dass weniger Kinder für die Mütter und auch für die Gesellschaft insgesamt von Vorteil sein können. Nicht nur global, sondern auch bei uns. Europa ist die einzige Region der Welt, die in den Jahren 2010 bis 2050 vermutlich einen Bevölkerungsrückgang keineswegs erleiden, sondern zum Glück erfahren wird. Die globale Traglast ist erschöpft, Weltmäßigung ist angesagt. Europa wird vielleicht, wenn es schrumpft, zu den Gewinnern gehören. Jedenfalls was die Lebenserwartung betrifft. Denn das Wachstum der Lebenserwartung geht auch bei schrumpfender Kinderzahl weiter.

Bei weniger Kindern erhöht sich überdies nicht nur die Erbquote pro Kind, sondern auch die Zuneigungsquote. Je mehr Kinder, umso vielfacher musste geteilt werden. Je seltener ein Gut, desto wertvoller ist es auch ökonomisch gesehen. Die Eltern haben mehr Zeit für weniger Kinder. Für ihre Kinder würden wohl viele Eltern alles stehen und liegen lassen, alle Pläne ändern und ihr Leben zugunsten der Kinder umstellen. Dass der Geburtenrückgang beklagt und gleichzeitig demografische Untergangsstimmung geschürt wird, trägt übrigens selbst zur Stimmungslage und zu einer Schwächung des Kinderwunsches bei.

Noch vor zweihundert Jahren, nicht selten noch vor hundert, war das ganz anders. Wie es in den Großfamilien, also in den kinderreichen Familien früher zu- und herging, darüber geben die Berichte aus dieser Zeit Aufschluss, Berichte, die zeigen, was Kindern angetan worden ist. Noch als Halbwüchsige sind sie wie Sklaven abgeschoben und verkauft worden. Noch im 19. Jahrhundert hatten die meisten Jugendlichen selber für ihr Auskommen zu sorgen, während heute die Eltern ihren Kindern häufig lebenslang helfen. Kinderzimmer, Kinderspiele, Kinderbücher und Kinderkleider sind Erfindungen des 20. Jahrhunderts. Man kann sich nur wundern über die romantisierenden Darstellungen der Großfamilie früher, wo alle sich liebten, alle aus dem gleichen Teller aßen und eventuell noch im gleichen Bett schliefen. Schon aufgrund der geringen Lebenserwartung waren generative Großfamilien, die mehr als zwei Generationen umfassten, überaus selten. Sofern es überhaupt alte Menschen gab, wurden sie meist ausgegliedert – in Armenhäuser und Altersheime. Sie waren ungeliebte, nutzlose und deshalb störende Kostgänger einer vorwärtstreibenden Industrialisierung.

Gewiss entstehen mit dem Geburtenrückgang auch neue Herausforderungen. Weniger Kinder sind unter den derzeitigen Bedingungen ein rentenpolitischer Nachteil. Der Geburtenrückgang hingegen bringt, was die öffentlichen Ausgaben betrifft, nicht nur Nachteile mit sich. Denn es ist ja, wie schon erwähnt, nicht so, dass die Jungen die Alten finanziell trügen. Beiträge zur Rentenversicherung zahlen weder Kinder noch Jugendliche, sondern Erwerbstätige oder erwerbsfähige Nichterwerbstätige. Auch Studierende zahlen lediglich einen Mindest- bzw. Pauschalbeitrag oder gar keine Beiträge. In der Schweiz ist ein Drittel der über 65-Jährigen weiterhin erwerbstätig. Ein Teil von ihnen zahlt weiterhin Rentenbeiträge. Die Formel, dass die Jungen durch die auf sie zukommenden Altenlasten in eine untragbare Situation kommen, ist unkorrekt und ungerecht. Ganz zu schweigen davon, dass die Rentner über ihr normales Steueraufkommen weiterhin mithelfen, die Kinder und Jugendlichen zu finanzieren. Im Prinzip sind es nicht die Jungen, sondern die Erwerbstätigen, welche die Alten und die Jungen finanzieren. Rentner über die Altersversicherung und die Jungen über Einkommens- und Vermögenssteuern.

Der Jugendquotient, das heißt der Anteil der Jungen an der Gesamtbevölkerung, ist in allen europäischen Ländern kleiner geworden. Der Fall der Geburtenrate ist, wie es der verstorbene Soziologe Karl Otto Hondrich (2007) provokativ genannt hat, so gesehen sogar ein Glücksfall! Sinkt doch dadurch die Kinder- und Jugendlast einer Gesellschaft. Gewaltige Summen des Staatshaushaltes werden Jahr für Jahr in Erziehung und Bildung, in Kindergärten und Universitäten und neuerdings in Deutschland in ein Betreuungsgeld investiert. Weniger Kinder bedeuten darüber hinaus auf die Länge gesehen auch wieder weniger Alte. Dass die Alten auf Kosten der nachwachsenden Generationen leben, ist ein beliebter Topos. Aber die nachwachsende Generation hat Platz und hat weniger Druck durch die Konkurrenz Gleichaltriger. Viel länger als früher erfahren sie Hilfe und Schutz von Eltern und Großeltern.

Nie in den bisherigen Gesellschaften wurden die Kinder so geschätzt und gehätschelt. L'enfant Roi, nennen das die Franzosen. Die Mädchen sind Prinzessinnen und die Knaben Prinzen. In Russland kleine Kaiserinnen und Kaiser. Das Wachstum der Bevölkerungen im arabischen, in Teilen des südamerikanischen und asiatischen Raumes ist demgegenüber ungeplant, natur- oder, wenn man will, gottgewollt. Die Kinder, die einem tagtäglich in den Auslandsnachrichten flehend anschauen, werden in rentenpolitischen Debatten gerne als Ausweis der Zukunftssicherheit dieser Länder dargestellt. Das Gegenteil ist der Fall. Immer noch zirkuliert jene höchstens noch für vereinzelte Stammesgesellschaften geltende Vorstellung, dass Kinder die Zukunft der Alten in diesen Ländern sichern müssten. In Afghanistan sind 2,5 Prozent der Menschen über 65 Jahre alt, in Europa gegen die zwanzig Prozent. In Tansania etwa sind gut fünf Prozent der Bevölkerung sechzigjährig und älter. In den meisten afrikanischen Ländern ebenfalls. Nicht Kinder sind eigentlich eine Überlebensnotwendigkeit, sondern keine Kinder!

Es gibt keinen Altenreport über das Los der Alten in geburtenstarken Ländern. Nicht nur, weil der Anteil der Alten so klein ist. Lediglich vereinzelt tauchen sie in den Medien auf, häufig als Kriegsversehrte. Sonst sieht man überall Junge. Ohne Alte kein Altenreport, also kein Altenreport über Afrika oder die arabischen Länder. Alte Leute spielen, so entsprechende Untersuchungen, keine wichtige Rolle im Gemeinschaftsleben. Sie werden häufig ausgegrenzt und verachtet, insbesondere alte Frauen mit Behinderungen. Die bestehenden Sozial- und Rentensysteme bieten keinen Schutz. Ihr Elend ist meist bitter (Kollewe, 2011). Weltweit lebt etwa eine Milliarde Kinder in Städten, ein Drittel hat keinen Zugang zu sauberem Wasser oder sanitären Einrichtungen. Dreißig bis fünfzig Prozent der Neugeborenen in den Städten der Schwellen- und Entwicklungsländer werden nicht einmal registriert. Die Kindersterblichkeit südlich der Sahara, in Südasien und Indien ist weiterhin horrend.

Die Situation der Kinder in diesen geburtenstarken Ländern ähnelt jener, die sich im 18. und noch im früheren 19. Jahrhundert bei uns beobachten ließ. Die schwangeren Frauen, so ein Augenzeuge aus dieser Zeit, »... führen bis zur letzten Minute vor der Geburt die schwersten Arbeiten aus und fast unmittelbar danach nehmen sie diese wieder auf. Der Beischlaf erfolgt bis zum Ende der Schwangerschaft und gleich anschließend erneut. Die Gleichgültigkeit der Mütter für die Ernährung ihrer Kinder ist groß, insbesondere was das Stillen betrifft. Sie verkaufen die beste Kuhmilch, während sie sich und ihre Kinder mit einer elenden Wassersuppe ernähren. Die Vernachlässigung der Neugeborenen ist von einer Art, dass sie jedes menschenfreundliche Auge beleidigt«. (Imhof, 1992, S. 111). Und: »Der Familienzuwachs ist den Eltern gleichgültig ... Von partnerschaftlich-körperlicher Rücksichtnahme keine Spur; von innigen Mutter-Kind-Beziehungen ebenso wenig eine Spur und vom Einsatz bewusster Überlebensstrategien durch langes Stillen schon überhaupt keine Spur ...« (ebenda). Bibelwort und Rutenschlag brachten nicht nur die vielen fremdplazierten Verdingkinder und Mündel auf den rechten Weg, sondern auch die bei ihren Eltern aufwachsenden.

Kindertotenlieder

Der Wunsch nach männlichen Erben hat in der Zeit der Industrialisierung Hand in Hand mit der hohen Kindersterblichkeit zu einer in unseren Augen, insbesondere mit Blick auf die Frauen, rücksichtslosen, ja mörderischen »Produktion« von Kindern geführt. Zwar zeigen die Kindertotenlieder von Gustav Mahler, die zu Beginn des 20. Jahrhunderts entstanden sind und auf Gedichte von Friedrich Rückert aus der ersten Hälfte des 19. Jahrhunderts zurückgreifen, dass der Kindstod in gutbürgerlichen Kreisen eine Katastrophe war. Ansonsten war der Frühtod eine weit verbreitete und ergeben hingenommene Selbstverständlichkeit. Mit dem Schicksal des Todes lässt sich zwar, wenn die Kinder gottgegeben sind und ihnen ein Unglück passiert, möglicherweise leichter leben als wenn sie Wunschkinder sind. Der Herr hat's gegeben, der Herr hat's genommen, so lautete die fromme Hilfskonstruktion. Und verstorbene Kinder lassen sich, auch das ist wahr, leichter verschmerzen, wenn man viele hat. In westlichen Gesellschaften sind Kinder, wie viele ungeplante Schwangerschaften es auch geben mag, prinzipiell Wunschkinder. Das birgt auch neue Fragen und Nöte. Besonders dann, wenn die »Wunschkinder« nicht den eigenen Wünschen entsprechen. Aber weit gewichtiger sind die Vorteile, die Wunschkinder genießen. Kurzum und noch einmal: Je seltener ein Gut, desto wertvoller ist es. Je seltener Kinder, desto kostbarer sind sie. Mussten in Kindersegenfamilien die Kinder um die Zuneigung der Eltern konkurrieren, und musste die Mutter ihre Zuneigung zehn-, zwölf-, fünfzehnmal aufteilen, so ist das in modernen Familien, selbst wenn die Eltern arbeiten, in der Regel anders. Nicht nur die private Aufmerksamkeit steigt bei kleinerer Kinderzahl, sondern auch die staatliche. Auf den Ämtern kümmert man sich um sie ebenso wie in den Krankenhäusern. Im schweizerischen Parlament ist gerade stundenlang über eine Helmpflicht für Kinder diskutiert worden.

Die Apotheose des Kindes zeigt sich nicht nur in den Kinderzimmern, wo die armen Kleinen überflutet von Spielsachen und medialem Lärm Flexibilität lernen müssen, sondern auch in der Diskussion über Kindsmissbrauch, über Adoptionen, über Abtreibungen. Dass die Hochleistungsmedizin mit pränataler Diagnostik und Chirurgie in den Kinderspitälern Fuß fasst, ist ebenfalls die Folge der ungemeinen Wertschätzung von Kindern in der modernen Gesellschaft. Ganz zu schweigen von der Reproduktionsmedizin, deren Möglichkeiten noch unausgelotet sind und die vermutlich bald auch noch in einem fortgeschrittenen Alter den Kinderwunsch erfüllbar machen. Die derart umhegten Kinder werden die Liebe, die sie von ihren Eltern bekommen haben, nicht vergessen. Die Liebe der Eltern und Großeltern, vielleicht auch noch der Urgroßeltern.

Der kleine Julian

Der Blick in die Welt belehrt uns endgültig eines Besseren über das Kinderdasein in unterschiedlichen Demografien und über die Ausnahmestellung der Kinder in modernen Gesellschaften. Im Inselspital in Bern ist der kleine Julian am 11. 1. 2012 als siebenmilliardster Erdenbürger gefeiert worden. Auf den Philippinen war es die kleine Danica May und auch in Nigeria, China, Indien oder Deutschland wurden an diesem Tag Hunderte von Babys geboren, die diesen Platz für sich hätten beanspruchen können. Alle zweieinhalb Sekunden erblickt weltweit ein Kind das Licht der Welt. Im Takt des Wimpernschlages. Die Zahlen sind lückenhaft. Aber am Tag sind es zwischen zwei- und dreihunderttausend Kinder. Zwei- bis dreihunderttausend Kindern wäre deshalb die Ehre zugekommen, als siebenmilliardste Erdenbürger das Licht der Welt erblickt zu haben.

Aber die Ehre ist zweifelhaft. Hinter diesen Zahlen verbergen sich paradiesische und grausame Wirklichkeiten. Wäre der kleine Julian, der im schweizerischen Bern das Licht der Welt erblickt hat, in Indien, Libyen oder Ägypten zur Welt gekommen, hätten ihn kein Blumenstrauß und kein Stadtpräsident erwartet. Nicht Mozart hätte im Hintergrund jubiliert, sondern eine harte und entbehrungsreiche Welt hätte ihn in Empfang genommen. Eine düstere Zukunft wäre ihm verblieben, eine Zukunft, in der er sich vielleicht gewünscht hätte, das Licht der Welt, wie es so poetisch heißt, gar nicht erblickt zu haben. Mit großer

Wahrscheinlichkeit wäre ihm kein Altwerden beschieden gewesen. Sein Leben wäre kurz und ohne Zukunft geblieben. Eine Zukunft übrigens, wie sie Thomas Malthus, der britische Bevölkerungswissenschaftler vor gut zweihundert Jahren, den Europäern vorausgesagt hat. Und wie sie zum Glück nicht eingetroffen ist. Jedenfalls bei uns!

Julian, dem in der Schweiz Geborenen, wird es hingegen gut gehen. Er kommt in einem großartig ausgerüsteten Kinderspital zur Welt. Er wird in eine lichte Wirklichkeit hineingeboren, die ihm jeden Wunsch erfüllen will und kann. Er wird über zehn Jahre Schulbesuch absolvieren, höchstwahrscheinlich studieren und sich vertraut machen können mit Musik, Kunst und der Weltliteratur. Seine verletzliche Kinderseele bekommt einen Schonraum, der häufig weit in sein Erwachsenenleben hineinreicht. Er wird im Ruhestand viel Zeit zur Nacharbeit haben und einen guten Abschluss seines Lebens finden wollen. Mit großer Wahrscheinlichkeit wird er sogar seinen hundertsten Geburtstag feiern können. Alles Erdenkliche wird für ihn unternommen werden. Im Universitätsspital in Zürich ist kürzlich ein Kind noch im Mutterleib am offenen Rücken operiert worden. Säuglingen werden Herzschrittmacher eingepflanzt. Pädiatrie und Neonatologie florieren. Kinder sind lebendes Gold. Während in den nichteuropäischen Ländern, mit traurigen Rekorden in Afrika, täglich 15 000 Kinder unter fünf Jahren an Unterernährung sterben. Während eine Milliarde Kinder weltweit im Elend vegetiert, erfreuen sich unsere Kinder an ganzjährigen Weihnachten und werden zugedeckt mit Geschenken.

Julian, in der Sahel-Zone oder in Indien, in Somalia oder Palästina geboren, müsste von Kindsbeinen an um ein Minimum an Nahrungsmitteln, an Trinkwasser kämpfen und, ja vor allem, um Zuneigung der Eltern. Voraussichtlich würde er kein hohes, vermutlich nicht einmal ein mittleres Alter erreichen. In der Mitte jenes Lebens, wie wir es kennen, würde er dahingerafft werden. In Deutschland erleben drei von tausend geborenen Kindern ihren fünften Geburtstag nicht, in Indien ein Viertel. Und: Der große Teil der Todesfälle geht laut Unicef auf chronische oder akute Unterernährung zurück. Immer noch sterben täglich Tausende von Kindern.

Die offizielle Familien- und Wirtschaftspolitik wünscht sich gleichwohl und in einem vorwurfsvollen Tonfall, aus materiellen, rententechnischen Gründen, mehr Kinder. Nach einem OECD-Vergleich soll Deutschland am »viertschlechtesten« dastehen, was die Geburtenquote betrifft. Man kann das auch umgekehrt sehen. Am »besten« in der Weltrangliste der Geburtenquoten ergeht es kurioserweise Nigeria – mit sechs Mal so vielen Geburten wie bei den Deutschen. Man müsste angesichts des Kinderelends in Nigeria jedoch ehrlicherweise sagen: am schlechtesten. Deutschland hat eine Quote von acht Kinder auf eintausend Einwohner. Afghanistan, das krisengeschüttelte Land, hat vierzig Kinder auf die gleiche Zahl. Dafür ist, wie erwähnt, die Quote der über 65-Jährigen, die in Deutschland nahezu zwanzig Prozent beträgt, bei den Afghanen 2,5 Prozent. Zum Glück für die Afghanen! Denn in Afghanistan geht es Jung und Alt nicht gut.

Erst sinkende Geburtenraten werden dazu führen, die Situation zu entschärfen. Es mag zynisch klingen, aber die Anstrengungen der Medizin wie auch globale Umverteilungsprogramme würden die Probleme zunächst verschärfen. Und den Kinderlosen in aller Welt wäre öffentlich zu danken. Auch im neuen aufrüttelnden Buch von Jean Ziegler mit dem Titel »Wir lassen sie verhungern« (2012) ist der traurige Sachverhalt angesprochen, dass auf diesem Planeten schätzungsweise alle fünf Sekunden ein Kind unter zehn Jahren verhungert. Es würden bei weniger Kindern auch weniger verhungern. Das muss auch gesagt sein. Aber weniger Kinder sind ein Resultat von Aufklärung und Familienplanung. Weniger Kinder schützen die Kinder. Und keine Kinder zu haben, ist deshalb keine Schande. Die Möglichkeit, sich für oder gegen Kinder zu entscheiden, muss freilich gegeben sein. Nach UNO-Schätzungen haben weit über 200 Millionen Frauen weltweit keinen oder nur mangelnden Zugang zu Verhütungsmitteln. Millionen von Teenagers werden in den Entwicklungsländern weiterhin ungewollt schwanger. Jahr für Jahr sterben gegen eine Million Frauen.

Weniger ist mehr

Dass auch unsere Jungen in einer ausgesprochen komfortablen Situation leben, gerade weil sie so wenige sind, wird gerne übersehen. Auch von den Jungen selber. Die Jugendarbeitslosigkeit in Europa, derzeit vor allem in Spanien, Griechenland und Italien, hätte bei höheren Geburtenraten ganz andere Ausmaße erreicht. In Johannesburg ist eine Mutter zu Tode getrampelt worden, als sie für ihren Sohn einen Studienplatz ergattern wollte. Auf 800 Plätze bewerben sich dort 6000 Personen. An der Universität Johannesburg waren es 2011 11 000 Uni-Plätze für 85 000 Bewerber. Wir wollen schweigen von Studienplätzen in Kinshasa oder Kairo. Und bei uns? In der Schweiz konnten von 80 000 Lehrstellen im Jahre 2011 lediglich 70 000 besetzt werden. Sind das nicht paradiesische Zustände für die Jungen?

Es mag alterstypisch erscheinen, zu behaupten, das bloße Dasein von Jugendlichen stifte Unruhe, das bloße Dasein von Älteren Ruhe. Wir waren doch selber jung. Ist es nicht eigentümlich, wie jene Einrichtungen, die von Alten besetzt sind – und keineswegs nur die geriatrischen Kliniken und Altersheime, sondern auch Konzertsäle, Seniorentage, Auktionshäuser, Museen, das Theater und die Opernhäuser – einen durchweg friedlichen Eindruck machen und zum Verweilen einladen? Es sind Orte des freundlichen Miteinanders, Oasen der kontemplativen Geselligkeit. Das gilt auch für jene Stammtische und Cafés, wo grau- und weißhaarige Italiener und Spanier sitzen und einen Hauch sokratischen Dialogs noch in den Katakomben der städtischen Verkehrssysteme verbreiten.

Schalten wir andererseits nicht sofort auf Misstrauen und Vorsicht um, wenn wir Ansammlungen von jungen Leuten, insbesondere von fremdländischen und dunkelhäutigen sehen? Insgeheim wappnen wir uns, während uns die Schlagzeile »Rentner niedergeschlagen und beraubt« durch den Kopf schießt, gegen mögliche Anrempelungen oder gar Übergriffe. Zahllos sind die Geschichten von älteren Zug- und Trampassagieren, die vergeblich darauf warten, dass man ihnen einen Platz anbietet, und die allenfalls mit dem Satz abgespeist werden, dass man im Ruhestand ja genug ausruhen könne und dem arbeitenden Volk nicht den Platz wegnehmen solle.

Wir wollen schweigen von den Innenstädten, die bald Nacht für Nacht von jugendlichen Partygängern erobert werden. Die Rückeroberung der Städte begann mit den Jugendunruhen in den 80er-Jahren des letzten Jahrhunderts. Sie endet vermutlich mit Klagen über die Unbewohnbarkeit der Städte und Selbsthilfeaktionen der Alten, wie im drolligen Song »Gwaltbereiti Alti« des Schweizers Emanuel Stahlberger (abrufbar auf Youtube). Während, wie etwa bei den Vorbereitungsspielen auf die Fußballweltmeisterschaft, erst in der Frühe die Vuvuzelas verklingen, machen sich handschuhbewehrte Alte tagsüber auf, um den Dreck, die leeren Flaschen und nicht selten Spritzen aus der vergangenen Nacht wegzuräumen.

Jugendliche neigen nun einmal zu gewalttätigen Exzessen. Die Hooligans und die Bombenleger sind keine Senioren. Einwanderer aus nichteuropäischen Ländern produzieren nun einmal Areale der Unruhe. Demgegenüber sind die Alten, auch die ältere Einwanderergeneration, unauffällig und in den Cafés, Restaurants und Einkaufsmeilen gern gesehen. Alt ist in der Öffentlichkeit gut, von Alten wird man nicht verprügelt! Ältere Taxifahrer erwecken

Vertrauen, ältere Polizisten ebenso. Darauf hat sich ein Großteil der Unternehmen, was ihre Belegschaft an der Verkaufs- und Dienstleistungsfront betrifft, noch überhaupt nicht eingestellt.

Europäischer Herbst

Gewiss leben wir mit unserer Bevölkerungsstruktur nicht in der besten aller Welten. Aber in der besten aller demografischen Welten. Die Bevölkerungsstruktur europäischer Gesellschaften ist im Zuge der demografischen Evolution in die Höhe gewachsen, sie wächst vertikal und nicht mehr horizontal. Statt der Seitenverwandtschaften mit Geschwistern, Nichten, Neffen, Cousins, Cousinen, Coucousins, Coucousinen, Onkeln und Tanten entstehen ineinander verflochtene Generationenbäume. Die fast immer drei, häufig vier Generationen umfassenden Familien lassen sich agrotechnisch als Hochstammkulturen versinnbildlichen. Mit diesem Begriff bezeichnet die Pflanzenbauwissenschaft eine Wuchsform von Obstgehölzen mit großer Stammlänge und ausgebildeter Krone. Es wäre verführerisch, den Vorteilen der Hochstammgewächse die Nachteile der Niederstammgewächse gegenüberzustellen. Zum Beispiel, dass sie anderen Lebewesen Schutz bieten, attraktive Landschaften bilden und Früchte auf allen Stufen tragen. Oder sich gegen den Feuerbrand wehren.

Leider gibt es keine Karten zur Verteilung der Lebenserwartung auf der Welt. Europa wäre gebirgig. Teile von

Asien auch. Die USA ebenfalls. Die restlichen drei Viertel der Welt wären vergleichsweise flach. Angesichts der »gebirgigen« Mehrgenerationengesellschaften ließe sich, insofern diese ja nach oben wachsen, vielleicht treffender von generativen Hochkulturen reden. Hochkulturen unterscheiden sich von archaischen durch die Ausbildung einer jenseitigen Sphäre, in der die Leiden und Beschwernisse des irdischen Lebens kompensiert werden sollen. Moderne Gesellschaften lassen den Lebenslauf nicht in seiner Mitte, auf der Höhe der körperlichen Kraftentfaltung enden, sondern ermöglichen mit der Langlebigkeit eine weltliche Abrechnung und Nacharbeit. Auch Reue und Beichte. Im Alter bildet sich jene andere, vordem in einem jenseitigen Leben sich auftuende weltliche Sphäre aus, in der die Menschen nun versuchen, ohne die Hilfe Gottes ihr Leben zu beschließen.

Unsere Bevölkerungsstruktur lässt sich als Hochkultur deuten. Nicht mit einem imaginierten göttlichen, sondern einem wirklichen, aus dem Wachstum der Lebenserwartung herrührenden generativen Überbau. Kindheit, Erwachsensein, Alter und Hochbetagtendasein existieren gleichzeitig, nebeneinander und doch auch übereinander, vertikal ineinander verflochten. In der Krone der demografischen Struktur halten sich die Hochbetagten auf, zuunterst die Kinder. Die christliche Hochkultur verfügte über eine den Einzelnen übergreifende Welt- und Todesanschauung, eine Sinndeutung, die im Wesentlichen in den heiligen Schriften zur Verfügung stand. Moderne Gesellschaften haben sich zu vertikalen Langlebigkeitsgesellschaften entwickelt. Altern ist demokratisiert, ein Lebensabschnitt, der heute fast allen zufällt. Deshalb ist auch die Sinnfindung eine Aufgabe, die alle betrifft. Dass nie so viele Menschen so gut alt werden konnten wie heute, dass nie so viele Generationen so friedlich zusammenleben konnten und dass nie in der bisherigen Geschichte die Kinder im Prinzip Wunschkinder sein konnten, das sind die mit diesen Entwicklungen gewonnenen Vorteile, die eine Sinnfindung befördern.

Zusammengefasst: Die alte Welt altert. Der buchstäblich alt gewordene »alte« Kontinent verkörpert das Gegenteil des arabischen Frühlings. Nennen wir den demografisch beruhigten Zustand »Europäischer Herbst«. Er beinhaltet alt gewordene Bevölkerungen und demokratische Verfassungen, tiefe Geburtenquoten und eine, sieht man von den Occupy-, Empörungs- und Piratenbewegungen ab, eher unpolitische Jugend. Dennoch, es gebührt ihm ein Loblied. Es gibt, trotz derzeit gravierender Arbeitslosigkeit in Südeuropa, zwar nicht Arbeit für alle, aber einen Sozialstaat, der die Menschenwürde achtet und jungen und alten Menschen ein Leben ohne Armut zu ermöglichen sucht. Und die Lebenserwartung wächst weiter und weiter. In Deutschland allein gibt es weit über 10 000 Hundertjährige. Denen es trotz traurigen Einzelfällen insgesamt gut geht.

Die Alte Welt ist gleichsam erwachsen geworden, erwachsen wie ein Kind, das, wenn es erwachsen ist, ja auch nicht mehr wächst. Die Neuzeit hat ihr ein Alter hinzugefügt, das in der Vormoderne nur vereinzelt erlebt werden konnte. Wer erwachsen wird, dem fällt die Sinnfindung noch nicht einfach in den Schoß. Denn ein massenhaftes, ein millionenfaches, ein unentwegt fortschreitendes Altern, das gab es in der bisherigen Geschichte nie. Nie dominierten die Alten die Straßen und Läden, die Hotels und Konzertsäle in dieser Weise. Noch als Kind nahm ich sie wahr als Großväterchen und -mütterchen. Bei Kuchenbacken, Märchenerzählen und strengen Beaufsichtigungspflichten. Abbilder von ihnen hängen noch in der guten Stube unserer Eltern. Und auf den Flohmärkten finden sich ihre Reproduktionen, in Massen entsorgt, wieder.

Eine neue, modernitätsgemäße Sinngebung des Alterns, dieser gewaltigen Umschichtung der Bevölkerungen von mehr oder weniger Gleichaltrigen zu deutlich unterschiedlichen, gleichzeitig lebenden Generationen steht noch aus. Noch einmal: Moderne Gesellschaften wachsen in die Höhe. Sie wachsen merkwürdig unsichtbar, nicht quantitativ-numerisch an Köpfen, sondern qualitativ an Lebenserwartungsjahren. Dieses Höhenwachstum, so die Gedanken dieses Kapitels, birgt gegenüber an Lebenserwartung flachen Bevölkerungen selten genannte, erstaunliche und überraschende Vorteile. Für alle. Auch für die Kinder und Jungen. Nie war man so lange und so gut alt. Nie lebten so viele Generationen friedlich nebeneinander. Und nie waren Kinder so kostbar. Die Welt kann schon aufgrund dieser Vorzüge ruhig altern. Bei allen Herausforderungen und Zumutungen, die Langlebigkeit mit sich bringt.

Aber diese Vorzüge, wie oft sie auch gepriesen werden, berühren noch nicht den Kern einer Sinnfindung für diese demografische Evolution. Dass die gewonnenen Jahre eine

Reflexion des Lebens, eine Nacharbeit erst ermöglichen, mag sein. Dass die gestiegene Lebenserwartung und die sinkende Geburtenzahl entschieden Vorzüge mit sich bringen: gut. Aber wie steht es mit dem Sinn des mit jedem Altern unerbittlich verbundenen Schwächerwerdens? Sind das Nachlassen, das Schwinden der Kräfte, das Schwächerwerden des Körpers, das Sterbenskranksein nicht das, was alle Alternden verbindet? Was ist, wenn nichts mehr geht? Wenn die muntermachenden Ratgeber über geistige Weiterentwicklung im Alter und den Erhalt der körperlichen Geschicklichkeit zu Makulatur werden? Läßt sich dafür ein Sinn finden?

3

Sinn der Schwäche

Zur Selbst- und Weltvergegenwärtigung des Menschen gehört die Sinnfrage. Der Mensch ist ein Wesen, das ohne Sinn nicht leben kann. Die Sinnfrage ist universal und begleitet alles, was wir tun. Man fragt nach dem Sinn einer kleinen Handreichung oder einer großen Lebensprüfung. Mit Sinn Versehenes beruhigt, während Sinnloses beunruhigt und verstört. Wer ein Warum zu leben hat, erträgt, wie es Nietzsche einmal gesagt hat, fast jedes Wie. Nun dehnt sich das menschliche Leben heute weit über eine Zeit hinaus, wo es als nutzbringend und gesellschaftsdienlich, als entsprechend »sinnvoll« angesehen werden könnte. Jedenfalls unter einem wirtschaftlichen Blickwinkel. Es überdauert die Zeit der Fruchtbarkeit und die Zeit eines möglichen vollen Einsatzes der Körperkräfte. Das Altern ist bald von so langer Dauer wie das Erwachsensein. Wozu, das ist die Frage.

Eigensinn des Alterns

Die Frage nach dem Wozu, dem Sinn dieses neu zugewachsenen Lebensabschnittes ist absolut dringlich. Diese Frage ist die Kernfrage. Der Sinnbedarf schwillt gewissermaßen proportional zur Alterung an. Man läuft der Sinnfrage im Ruhestand schnurstracks in die Arme. Denn die zentralen Sinnsäulen des vorherigen Erwerbs- und Familienlebens brechen weg: der geregelte Tagesablauf, die Erwerbsarbeit und die Erziehung der Kinder. Spätestens im Hochbetagtendasein. Es sei denn, man ist Schriftsteller oder Dichter. Die Sinnpfeiler hatten zwar die Seele eingeschlossen und die Sinnfrage ferngehalten. Ganz zu schweigen von der Reproduktionsfähigkeit, die immer weniger Schritt halten kann mit der Lebenszeit. Trotz ingeniösen Versuchen, sie mittels immer raffinierterer Techniken über Umwege zu erhalten. Darüber hinaus ist der Sinn, der sich aus heiligen Schriften und einer das Leben und Sterben umfassenden Heilsgeschichte ableitet, in die sich unser Leben einfügen ließe, fast gänzlich versiegt.

Wer noch aus einer religiösen Identität heraus lebt, mag diese Anstrengung vermeiden können. Er verfügt über die Definition eines sinnvollen und glücklichen Lebens. Sie kommt von außen. Aber für die areligiöse, die weltliche Identität sieht es anders aus. Hier gibt es keinen übergeordneten, von der eigenen Existenz unabhängigen Sinn, den man akzeptieren oder ablehnen könnte. Es herrscht die Faktizität des Lebens, in diesem Fall des Alterns. Den Sinn des eigenen Lebens muss man sich selber schaffen, selber zusammenreimen. Er nährt sich aus den Lebens- und Alterstatsachen, aus den Erlebnissen und Erfahrungen, die einem zustoßen.

Über dem neuen Lebensabschnitt lastet eine merkwürdige Sinnfinsternis. Die Bücher über die Schrecknisse des Nachlassens und Loslassenmüssens nehmen deshalb im gleichen Maße zu wie die Alten selber. In unterschiedlichem Maß trifft dies auch beide Geschlechter. Es besteht kein Mangel an Klagegesängen, von den Tagebüchern von Max Frisch (2010) bis zu Philip Roths »Jedermann« (2006). Von den Vorzügen des Langsamerwerdens, den Seligkeiten der Müdigkeit und von den durch dieses Nachlassen gewonnenen Freiheiten ist kaum die Rede. Ob die Abschaffung des Alters überhaupt eine Steigerung der Qualität menschlichen Lebens darstellen würde, diese Frage hat, obwohl gestellt (Schramme, 2009), noch keinen Eingang ins Alltagsbewusstsein gefunden. Schon gar nicht ist die Rede von einer beruhigenden Wirkung von Langlebigkeitsgesellschaften.

Nur vereinzelt haben sich Autoren wie Montaigne oder Philosophen wie Schopenhauer über Vorzüge der alterungsbedingten Verluste geäußert. In einem eher ironischen Ton. Angesichts dieser Sachlage ist nur noch wenig von den Lorbeeren von früher die Rede, die Kränze sind verwelkt. Es treten Krankheiten, nachlassende Kräfte, allgemeine Lustlosigkeit, der Tod von Bekannten in den Vordergrund. Der hoffnungslose Kampf gegen die biologische Uhr. Die Einsamkeit. Fast zwei Drittel der über Achtzigjährigen leben in Einpersonenhaushalten. Und ein Drittel der Überachtzigjährigen ist pflegebedürftig. Einladungen ähneln Besuchen im Lazarett, wie wir scherzhaft sagen. Hör- und Fahrradhilfen und die Bequemlichkeit von Sofas und Sitzgelegenheiten sind Gegenstand langwieriger Erörterungen. Das Verlangen, dieser langen Zeit, die man noch vor sich hat, einen Sinn zu verleihen, wird durch Scherze und Galgenhumor vertrieben.

Aber es hilft nichts: Der Sinnfrage lässt sich nicht entgehen. Wozu dieses lange Leben dient, findet angesichts der Negativspirale, in die man im Altern, was die körperlichen Kräfte betrifft, hineingerät, keine überzeugende Antwort. Hinweise auf einen Sinn des Schwächerwerdens lassen sich zunächst, wenn man sich selber beobachtet, doch etliche auffinden. Genau besehen sind die im Alter zunehmenden Beeinträchtigungen ja nie nur angstmachend und beschämend. Wir wollen schweigen von den an sich kuriosen Vorstellungen wie der, man müsse im Alter das selbe Hörvermögen besitzen wie in der Jugend. Selbst kleinste Einschränkungen wie das beschwerlichere Aufstehen bergen Vorteile: das gemeinsame Kaffeetrinken, das längere Liegenbleiben im Bett, die morgendliche Nachdenklichkeit. Das Aufstehen wird schwerer, das Sterben leichter, meinte schon Montaigne. Je weniger er an den Gütern des Lebens klebe und je weniger gesund er sei, so Montaigne, desto weniger schreckhaft sei der Anblick des Todes. Jacob Grimm, der Bruder von Wilhelm Grimm, hat in seiner »Rede über das Alter« (urspr. 1860) die Vorteile des Schwindens der Kräfte und des Abbaus der Leistungsfähigkeiten beredt vorgetragen.

Nicht nur Altwerden hat seinen Sinn, sondern auch jene Behinderungen und leidvollen Zustände, die unerbittlich das Altern begleiten, ohne dass sie je wieder gingen. So mindert die Abnahme des Augenlichts die Wahrnehmung störender Einzelheiten, zunehmende körperliche Behinderungen werden dem allgemeinen Ruhebedürfnis zugeschlagen. Wer nicht mehr umstandslos versteht, lernt phantasieren. Die psychische Mutation im Alter hat unzählige andere positive Nebenwirkungen. So nimmt nach einschlägigen Untersuchungen und alltagsevident die Todesbereitschaft mit den überhandnehmenden Krankheiten und Beschwerden im hohen Alter zu. Der Tod ist, soll Montaigne listig gesagt haben, dann am selbstverständlichsten, wenn man schon vorher möglichst tot ist. Je älter man wird, desto leichter stirbt es sich. Je mehr gleichaltrige Freunde wegsterben, ganz zu schweigen vom Verlust eines geliebten Partners, desto leichter fällt einem selbst das Verlassen dieser Welt.

Schwinden der Laster

Mit dem Älter- und Schwächerwerden schwinden indes auch beklagenswerte Anfeindungen der Seele, die Laster, wie man sie früher genannt hat. Wenig ist davon zu hören. Neid, Völlerei, Zorn, Hoffart, unbrüderliche Konkurrenz, Stolz und Wollust, um nur einige der Schwächen der Jugend und des Erwachsenseins zu nennen, schrumpfen, verschwinden, werden funktionslos, ziehen sich im Alter unmerklich zurück, sterben häufig vollends ab und befördern einen Vormarsch der Tugenden. Es gibt im Beichtstuhl immer weniger zu beichten. Nicht nur die utopischen, nicht nur die kriminellen, sondern die sündhaften Energien überhaupt sind erschöpft.

Das biblische Motiv »Susanna im Bade« spielt zwar auf Lüsternheit und Boshaftigkeit im Alter an. Bei einzelnen mögen diese Seiten hervortreten. Die altersbedingte »Conversio morum«, die Abkehr von plagenden Begierden, lässt sich besonders eindrücklich an der geschlechtlichen Liebe zeigen. Das Thema ist heikel und wird, bei aller Relevanz, verhalten behandelt. Aber schon der deutsche Philosoph Arthur Schopenhauer hat vor bald zweihundert Jahren verwunderlich direkt geschrieben, dass durch das Erlöschen des Geschlechtstriebes eine »Euthanasie« des Willens erfolge und der Mensch in »einen Stand versetzt wird, der dem der Unschuld, die vor der Entwicklung des Genitalsystems da war, ähnlich ist« (2010, S. 75). Als Einzelgänger konnte er die Erfahrung geschwächter Sexualität vielleicht nicht machen. Die heftigste Liebe wandelt sich im Alter. Lodern und Verglimmen – unterschiedliche Seinszustände derselben Sache. Vielleicht ist das der tiefere Sinn des Matthäus-Wortes »Werdet wie die Kinder« (Matt. 19.14). Auch Montaigne, der die Vorzüge der Enthaltsamkeit preist (»Mein Körper will nichts mehr von Sinneslust wissen«), stimmt in das Loblied des Nachlassens ein. Ganz zu schweigen von Simone de Beauvoir, der Lebensgefährtin von Jean-Paul Sartre, die die Befreiung von Sexualität das größte Geschenk des Älterwerdens nannte (1989). Die Liebe wird ernst und leise, bis hin zur Innigkeit des Händehaltens.

Im übrigen besagt eine Umfrage bei in Partnerschaften lebenden Senioren, dass die Zufriedenheit mit dem Sexualleben bei zunehmendem Alter eher zu- als abnimmt, obwohl die sexuelle Aktivität sich verringert (Müller, 2012). Die Verzweiflung an der Sexualität gehört zur Sexualität. Schwindet sie, schwindet auch die Verzweiflung. Steht nicht zu vermuten, dass die Unzufriedenheit mit der eigenen Sexualität dann auch am größten ist, wenn die Begierde, die »Voluptas«, wie sie die Theologie nennt, unmäßig drängt und plagt? Macht nicht gerade, wie Max Weber einmal bemerkt hat, der animalische Teil der Sexualität auch Angst und verursacht Schuldgefühle? Sind die Abgründe des Begehrens, die dunklen Seiten der Sexualität nicht mit dem Älterwerden auch stiller geworden? Max Weber, der Klassiker der Soziologie, hat übrigens seine religionssoziologischen Untersuchungen seiner Frau Marianne »bis ins«, wie er schreibt, »Pianissimo des höchsten Alters« gewidmet. Wie schön!

Wird nicht die in langen Zeiten gewebte geistige Zuwendung durch die Direktheit der Sexualität immer wieder Zerreißproben unterworfen? Dass mit zunehmendem Alter sich die Liebeslust als Sexualität verringert, ist, wie auch immer die Libido durch Viagra oder geheime Internetseiten angekurbelt werden will, ganz natürlich. Dafür erhalten die anderen, eher sublimierten Formen der erotischen Zuneigung eine umso größere Bedeutung. Papst Benedikt XVI. hat in seiner ersten Enzyklika mit dem Titel

»Deus Caritas est« (2005) viel Erhellendes dazu geschrieben.

Das Loslassen des Besitzes, von den angehäuften Gegenständen bis hin zur eigenen Wohnung oder zum eigenen Haus kann sogar eine große Erleichterung bedeuten und freier machen. Wer viel hat, muss auch viel abstauben, sagt der Volksmund. Der Verlust von Pfunden ist für Menschen mit Übergewicht ein Gewinn! Tröstliches zum Loslassen liest man auch in der Bibel. Die Besitzlosigkeit erzeuge eine Beweglichkeit, frei von irdischem Ballast. Einem lieben akademischen Freund ist das Haus samt Bibliothek abgebrannt. Nie habe er sich, sagte er mir, so frei gefühlt wie jetzt.

Der Volksmund sagt auch: »Das letzte Hemd hat keine Taschen«. Man kann nichts mitnehmen, aber, solange man in der Lage ist, geben, helfen, spenden. Wie viele Menschen erleben ein schlimmes Alter, weil sie ihren Besitz nicht loslassen können. Die über Jahrzehnte gesammelten Kleinskulpturen! Die aufgespießten Schmetterlinge! Das geerbte Reliquienkreuz aus Buchsbaum! Ein Auto, das seit Jahren ungebraucht in der Garage vor sich hin dämmert! Die Besitzlosen scheinen deshalb, wenn ihnen der Tod vor Augen steht, ein leichteres Los zu haben. Wer viel hat, stirbt vermutlich schwerer. Es geht beim Nachlassen nicht nur um das Sein-Lassen der biologischen organischen Körperlichkeit! Sondern um ein Loslassen der damit verbundenen Welt- und Todesanschauungen.

Viel und Gedankenschweres ist dazu publiziert worden. Die Endlichkeit als Intensitätsverheißung des Lebens! Das

Leid als Wiege der Liebe, ein seltsames Kapitel der christlichen Leidmetaphysik. Aber zweifellos hat die christliche Welt- und Todesanschauung dem Altern und dem Tod und damit dem Alter als Vorbereitung auf ihn einen Sinn zu geben vermocht. Mit ihrem dualistischen Weltbild, einem Diesseits und einem nach dem Tode erreichbaren Jenseits, enthebt sie das Leben seiner Endlichkeit. Der Tod hatte eine Flugbahn vor sich in den Himmel hinein. Der Tod war Ende und Geburt in einem, Erlösung und Befreiung von der irdischen Pein und Not, auch von der Verzweiflung des Alleinseins im Alter. Dieser in vormodernen Gesellschaften den jähen und frühen Tod kompensierende Sinn ist verblasst, er wird überflüssig in einer Gesellschaft, die es erfolgreich zustande gebracht hat, einen dritten Lebensabschnitt zu erobern. Und bleibt erfahrungsgemäß den vergleichsweise wenigen frühen Toden vorbehalten. Ohne Tod kein Leben nach dem Tod. Aber nun ruft nicht mehr der frühe Tod nach Trost, sondern der späte nach Sinn.

Kleine und große Fragen

Im Alter plagt viel Unerledigtes, Aufgeschobenes. Nicht gelesene Bücher, nicht geschriebene Briefe, Widersachern nicht ins Gesicht gesagte Empörungen, verheimlichte Kränkungen und unerhörte Gebete. Vieles vergisst man. Erinnerungen verschönern das Leben, Vergessen macht es erträglich, so Honoré de Balzac. Die sich an Kleinigkeiten einstellenden Sinnkrisen im Alter haben wenig gemein mit

den Nöten, die aus der Komplexität der modernen Gesellschaft und der Anforderung, immer mehr entscheiden und
gestalten zu müssen, herrühren. Die aus der Multioptions-
gesellschaft resultierenden Krisen sind eine Folge von zu
vielen Sinnoptionen und einem Übermaß an Wahlmöglich-
keiten. Die aus der Alterung moderner Gesellschaften re-
sultierende Entwicklung hingegen verfügt über zu wenig
Sinn. Ist sie doch gleichzeitig neu und schicksalhaft vor-
gegeben. Man kann sich ihr nicht entziehen, es sei denn
durch Suizid.

Eines Sinnes bedarf deshalb nicht nur das je individuelle
und persönliche Altern. Oma und Opa sein, in Vereinen
und im Ehrenamt noch eine Rolle spielen. Der Gesellschaft
zurückgeben, was sie einem gegeben hat, wie es so poetisch
heißt, das kann noch nicht genügen. Oder produktiv bleiben im Konzert der Erwerbswirtschaft bis zum »Es-geht-
nicht-mehr-Tag«. Einer Aufarbeitung harren auch nicht nur
die bisher unerledigten Dinge, und einer Deutung bedür-
fen nicht nur die kleinen Wehwehchen, wie wir uns scherzhaft auszudrücken pflegen. Dass es der Sinn des langen Lebens sein könnte, seinen Charakter und seine Persönlich-
keit zu entwickeln und, wie James Hillman (2000) meint,
sich im Traumbild von sich selber imaginieren zu können –
das ist zwar ein schöner Gedanke. Leider sind es häufig genug nur die Ecken und Kanten, die schärfer hervortreten.

Einer Deutung bedarf eben auch das epochale und massenhafte Alt- und damit Schwächerwerden moderner Gesellschaften. Deren Inhalt ist essentiell für den Umgang
des Großteils der Weltbevölkerung mit der doch früher

oder später auch auf sie zukommenden Entwicklung. Die Beantwortung dieser Frage nach Sinn steht aus. Das kurze Altern und der schnelle Tod, wie sie in der Vormoderne üblich waren, hatten im christlichen Kulturkreis noch ihren Trost und Sinn mit der Ewigkeitserzählung erhalten. Die Ewigkeitserzählung versprach einem leidgeprüften Diesseits himmlische Freuden und ein Hochzeitskleid im Jenseits. Der Tod bedeutete das Ende des Pilgerstandes, wie die Theologie zu sagen pflegt. Der frühe Tod wurde durch den Glauben an eine überirdische Welt, in der Gott alle Tränen, die im Diesseits vergossen worden sind, fortwischt, mit Sinn erfüllt. Der Zenit des Lebens war der Eintritt des Todes, war doch dieser das Tor in eine Welt, wie sie das Diesseits nicht sein konnte. Dieses konnte nicht genügen: Orbis non sufficit. Die Welt genügt nicht. Und ein Leben, das auf der Höhe dahingerafft wurde, auch nicht. Deshalb die Zwei-Welten-Vorstellung des Christentums.

Heute dauert das Leben. Es hat sich in hundert Jahren fast verdoppelt. Der Sinn des heutigen Lebens, das nur mehr selten einem schnellen und jähen Tod verfällt, sondern lange, nicht selten »ewig« lange währt – wo findet er sich? Er hält sich eigentümlich versteckt. Wer zu früh stirbt, und das waren in vormodernen Zeiten fast alle, der ist vom Tod bestraft. Wer, wie bei uns so viele, spät, zu spät stirbt, den bestraft, so wird man vielleicht angesichts des langen Lebens sagen, das Leben. Lässt sich diese Strafe mindern? Lässt sich eine sinnhafte und hilfreiche, eine dieser Sache angemessene Erzählung für das späte, manchmal zu späte Sterben der Menschen heute finden?

Das Altern wird heute tausendfach erlebt, erlitten, ertragen. Es ist eine neuartige Besonderheit der modernen Welt. Zu fragen, welchen Sinn das allgemeine Altern in modernen Gesellschaften in sich berge, ist deshalb selbstverständlich. Der viel zitierte Prediger Kohelet hat bekanntlich die Ordnung im Zeitenwechsel so beschrieben: »Alles hat seine Stunde, und es gibt eine Zeit für jegliche Sache unter der Sonne. Eine Zeit für die Geburt und eine Zeit für das Sterben« (Prediger, 3, 1–2). In der Kurzlebigkeitsgesellschaft war keine Zeit für das Sterben. Es ereignete sich in der Regel jäh und abrupt.

Aber es gab auch wenig Zeit für das Leben. Im kurzen Leben früherer Zeiten war keine Zeit für die Selbstbesinnung und für den Rückblick auf das gelebte Leben. Ist es gewagt zu sagen, dass der Langlebige mehr Zeit vorfindet als je, sich mit sich selber zu befassen? Und ermöglicht es die lange Alterszeit nicht, jene Bezüge in Ordnung zu bringen, die in der Hitze des Arbeitslebens verloren gegangen sind? Lässt sich in den gewonnenen Jahren nicht auch ein Weltverhältnis entwickeln, für das die Erwerbszeit gar keine Zeit bot? Bekommt damit das lange Altern jenen Sinn, der ihm immer eingeschrieben war, der aber in einer turbulenten Vormoderne verloren gegangen ist?

An Vorzügen, welche die gewonnenen Jahre gebracht haben, fehlt es ja beileibe nicht. So verhilft, wie oben dargelegt, das neuartige (und auch viel länger dauernde) generative Miteinander von nicht mehr nur zwei, sondern drei oder gar vier Generationen über die damit verbundenen Praktiken der modernen kinderarmen Gesellschaft zu einem robusten, einem im Wortsinne nachhaltigen Rückgrat. Und so verhelfen die gewonnenen Jahre zu Zeitwohlständen, die es ermöglichen, sein eigenes Leben und die Lebensbezüge in Ordnung zu bringen. Wie viele Ehen und Partnerschaften festigen sich erst im Alter! Wie viele Paare erfahren erst in der »Post-Histoire« der geschlechtlichen Liebe andere Facetten des Miteinanders! Und, man darf es gar nicht sagen, wie oft hat das Kranksein geholfen, einander zu zeigen, wie heftig man sich liebt! Die zeitgenössische Literatur ist voll davon (Franzen, 2002; Geiger, 2012; Sieveking, 2012). So verhilft der Rückgang der Geburten nicht nur den Kindern in modernen Gesellschaften zu einer ganz neuen Wertschätzung.

Nie haben, wie bereits dargetan, in den bisherigen Gesellschaften so viele Generationen so friedlich zusammengelebt wie heute. Weil die Generationen eine längere Lebenserwartung haben, verbringen sie auch eine längere Zeit miteinander. Es ist noch gar nicht auszudenken, in welcher Weise sich Verhältnis und Verständnis der Generationen dadurch verändern, denn viele Erfahrungen, die sich in Langlebigkeitsgesellschaften machen lassen, waren in Zwei-Generationen-Gesellschaften unmöglich. Wer sich mit sechzig in einen unseligen Streit verwickelt hat, kann diesen mit siebzig friedlich beenden, und wer mit siebzig noch mit seinen Kindern hadert, kann die nächsten Jahre darauf verwenden, das Verhältnis neu zu regeln.

Schließlich: Wie viele hässliche und nicht bereinigte Geschichten sind auf den Friedhöfen des letzten Jahrhunderts begraben? Keine Ruhe im Grab findend, geistern die

Wiedergänger und ewigen Wanderer, deren Schuld nicht bereut und Verbrechen nicht gesühnt worden sind, durch die Volkssagen der letzten Jahrhunderte. Mit den gewonnenen Jahren erübrigt sich dies. Unversöhnte werden beruhigt und, was früher als unrestaurierbares Trümmerfeld erschien, lässt sich neu ordnen. Aussöhnung und Läuterung, Reue und Verzeihen sind Gebote der Stunde, der Jahre, der Jahrzehnte.

Evolutionäre Demografie

Die sogenannte evolutionäre Demografie, die beitragen will, die Frage zu klären, ob der Anstieg der Lebenserwartung einen Evolutionsvorteil bietet, kommt im übrigen zu ähnlichen Schlüssen. Die Langlebigkeit stärke die sozialen Bindungen in Familien, weil Großeltern sich für ihre Enkelkinder einsetzen können. Die Gebrechlichkeit lässt sich durch sorgende und bewahrende Fähigkeiten kompensieren. Dass sich bei längerem Leben die Eltern auch länger um ihre Nachkommen kümmern können, ist, auch ohne langwierige demografische Überlegungen, evident und aus der allgemeinen Lebenserfahrung vertraut. Die Evolution schreitet in dieser Beziehung sinnhaft fort und erzeugt im Fortschreiten ihren Sinn mit.

Dieses Gesichtspunktes nimmt sich auch die gerontologische Ethik an. Auf die Frage, warum Mitglieder mancher Arten noch so lange nach ihrer Gebär- und Zeugungsfähigkeit weiterleben, heben sie die Rolle der Großeltern hervor:

»Die Großeltern hüten die Kinder, helfen gelegentlich im Haus oder Garten, geben auch da und dort einen Zuschuss zum Haushaltsgeld. Außerdem können sie, in Grenzen gewiss, soziale Aufgaben übernehmen und Ehrenämter ausfüllen«, wie es der Präsident der Nationalen Ethikkommission der Schweiz, der deutsche Philosoph Otfried Höffe, gesagt hat (2012). Diese Hinweise lassen sich ergänzen durch die vielen Aktivitäten, die im weitesten Sinne gemeinnützig sind. Es geht nicht nur um den eigenen Garten. Es geht darum, der Gesellschaft etwas von dem zurückzugeben, was sie einem geschenkt hat. Die Gesellschaft ist es, die heute im Gegensatz zu früher in einem ganz maßgeblichen Sinne sich für die Menschen verantwortlich fühlt. Bildung und Ausbildung, Schutz und Garantie eines würdigen Lebens – wir wissen gar nicht mehr, was wir dem Staat alles zu verdanken haben. Heute stößt der Staat an seine Grenzen. Überall Finanzlöcher, überall Schulden, überall Sparen.

Die Baby- und Midlifeboomer, die derzeit in großer Zahl in die Altersklasse einsteigen, werden sich bemühen, länger im Erwerbsleben zu verbleiben, sie werden versuchen müssen, eine zweite oder dritte Karriere zu ergreifen und sich angesichts der gewonnenen Jahre auch im ehrenamtlichen und freiwilligen Sektor zu engagieren haben. Die Organisation solcher Dienste liegt, bei allen instruktiven Beispielen, noch im Argen. Insbesondere die Dienste von Alten für Alte sind noch dünn gesät. Umso umfänglicher sind die Kampagnen und Initiativen, in denen versucht wird, das Altern neu zu erfinden.

Dieses Altwerden ist bei allem großmütigen Einsatz gebunden an eine gebrechliche Leiblichkeit. Es ist gezeichnet von einem Nachlassen der Sinne, vom Schwächerwerden der Kräfte, vom Anfälligerwerden für Krankheiten. Das ist die unerbittlich früher oder später zu Tage tretende Essenz des Älterwerdens. Auch die rüstigen jungen Alten müssen damit rechnen. Alles wird schwerer. Auch das Hüten der Enkel und die Übernahme von Ehrenämtern sind irgendwann nur mehr beschränkt möglich. Dass man für vieles zu alt ist, dafür braucht man sich nicht zu schämen.

Im Rollstuhl lässt sich gewiss die Welt noch beobachten, aber, außer in Ausnahmefällen, nicht mehr bewegen. Man tut sich sehr schwer, von einer evolutionären Bedeutung des irreversiblen Abbaus auch des prosozialen Verhaltens zu reden. Denn nicht selten wird eigentümlicherweise die Liebe im Alter gerade im gemeinsamen Schmerz stärker. Es lassen sich, vor allem in der zeitgenössischen Literatur und im Film, viele einschläge Beispiele nennen. Von Gerhard Meiers (»Ob die Granatbäume blühen«, 2005) Liebeserklärung an seine verstorbene Frau Dorli bis hin zu Peter Fargas Geschichte eines dementen Paares (»Acht Minuten«, 2011), das sich inniger als je zuvor liebt. Man erinnert sich der herrischen Philippika Nietzsches gegen ein Christentum, das die Gesetze der Evolution, die Gesetze der Selektion seien, mit ihrer Liebe des Schwachen und der Lobpreisung des Mitleidens auslösche.

Dass das Älterwerden verbunden ist mit Einschränkungen, mit vermehrt auftretenden unerklärlichen Schwächen, mit einem Nachlassen der Kräfte verbunden ist, muss

Sinn der Schwäche

gleichwohl, so schwierig ein solches Unterfangen auch scheint, seinen Sinn finden. Sinnlos bleibt das Alter ein Schrecken. Es mag allzu bequem anmuten, Schwächen in Stärken umzudefinieren. Aber schon der Apostel Paulus berichtet vom Sinn der Schwäche und erkennt, dass man an Schwächen wachsen kann. Denn wenn ich schwach bin, dann bin ich stark (2, Kor. 12, 10).

Im Alter wird vieles schwerer. Das Ankleiden, die morgendliche Toilette, das Zähneputzen. Aber was heißt schon schwerer? Die Einschränkungen verhelfen auch zu neuen Erfahrungen, vielleicht zu neuen Freuden. Was für ein Glück bietet es, endlich einmal sich Zeit nehmen zu können für den Morgen, alles ohne Hast anzugehen und sich zu wundern über die Zeit, die man hat, und darüber, dass man sie selber einteilen kann. Aber die Frage nach der geschichtlichen Bedeutung des allgemeinen Alterns ist damit noch nicht berührt.

Altern heißt schwächer werden

Noch einmal: Das Ziel der Evolution in einer Verteidigung des Schwachen, Nichtkonkurrenzfähigen zu sehen, ist angesichts der durchgehenden Belohnung der Kraft und der Stärke in unserer Gesellschaft eine eigentümlich unpassende Vorstellung. Aber mit dem massenhaften Altern erfolgt ein gewaltiger Umschichtungsprozess zugunsten der Schwachen. Zunächst bei uns in den europäischen und wenigen asiatischen Ländern, über kurz oder lang aber global,

sobald Bildung und Aufklärung zu niedrigeren Geburtenzahlen führen! Jahr für Jahr, so Sven Kuntze in seinem
eleganten Erlebnisbuch »Altern wie ein Gentleman« (2011),
wächst damit die Zahl der betagten nutzlosen Kostgänger!

Unter einem evolutionären Gesichtspunkt ist es dementsprechend widersinnig, dass die Menschen immer älter
und naturgemäß schwächer werden. Das Altern erscheint
als ein Luxus, den sich nur florierende Gesellschaften leisten können. Eine ehemalige Direktorin der Weltgesund-
heitsorganisation sagte sinngemäß, Altern sei eine der großen Volkskrankheiten, und rief damit einen empörten Auf-
schrei hervor. Gewiss ist der Satz unüberlegt und dumm.
Wäre es doch absurd, eine Steigerung der Lebenserwartung
zu wünschen, wenn Altern eine Krankheit wäre! Darüber
hinaus altert man vom Tag der Geburt an, und somit wären
alle immer krank.

Aber selbst wenn es so wäre, selbst wenn man einmal
davon ausginge, dass man das Altern als einen krankhaf-
ten Prozess betrachten könnte, käme man nicht umhin,
die Frage nach dem Sinn dieser Krankheit zu stellen. Ein
unversöhnlich ablehnender Umgang mit Krankheiten ist
bekanntlich ihrer Heilung nicht zuträglich. Das gilt auch
für den Tod, dem Gast, der nur, wie es erhaben heißt, einmal kommt. Dass man die Krankheiten, die man hat, als
Gefährten, als Quellen von Sinn und nicht als Dämonen
betrachten soll, mag vielen als abwegiger Gedanke erscheinen. Aber gilt er nicht selbst für die mit dem massenhaften Altern gehäuft auftretenden und den Menschen große
Angst bereitenden Alterskrankheiten? Ohne das Leid meta-

physisch zu überhöhen oder zu rechtfertigen: Es zeichnet den Menschen aus, dass er noch dem tiefsten Elend Sinn abzugewinnen sucht.

David Shenk, ein amerikanischer Psychiater, bekräftigt in seinen Überlegungen (2005) zur Alzheimer-Krankheit diese Vorstellung. Jede Krankheit – und das gelte auch für Demenz und Alzheimer – bedeute nicht nur eine Auslöschung von Sinn, sondern sei auch eine Quelle von Neudeutungen. Unter evolutionstheoretischen Gesichtspunkten, wo das Kriterium der Wettbewerbsfähigkeit zentral ist, erscheint eine solche Annahme wiederum absonderlich. Denn was sollen Demenz und Alzheimer für einen Sinn haben? Sind sie nicht, für die Betroffenen und die Angehörigen, schwere Belastungen? David Shenk stellt sich dieser Frage und bietet überraschende Antworten. Das wichtigste Sinnfenster, so Shenk, das sich dieser Krankheit abgewinnen lasse, sei, wie irritierend das im ersten Moment auch klingt, die Verlangsamung des Sterbens. Zeit zu sterben heißt, Zeit haben, sein Leben in Ordnung zu bringen.

Jonathan Franzen, der amerikanische Schriftsteller, veranschaulicht in seiner Erzählung »Das Gehirn meines Vaters« (2002) diesen Sinn in einer wundersamen Weise. Korrespondiert die Verlangsamung des Sterbens nicht mit der Verlängerung des Lebens? Lässt diese Verlängerung nicht Raum für so vieles, was in der Kürze des vormodernen Lebens nicht möglich war? Ist Alzheimer vielleicht auch ein Spiegel unserer Gesellschaft, wie Arno Geiger (2012) in seiner Auseinandersetzung mit seinem demenzkranken Vater behauptet, dem er wie Jonathan Franzen durch diese Krankheit erst näherkommen konnte? »Der Überblick ist verloren gegangen, das verfügbare Wissen nicht mehr überschaubar, pausenlose Neuerungen erzeugen Orientierungsprobleme und Zukunftsängste« (S. 58). David Sievekings Dokumentarfilm »Vergiss mein nicht« (2012) erhielt in Locarno den Kritikerpreis für seine ungewöhnliche und tief berührende Arbeit.

Wie irritierend diese Behauptung auch sein mag, die Vorstellung der Verlangsamung führt auf die richtige Fährte. Es ist paradox, wie in modernen Gesellschaften an der Verkürzung des Sterbens gearbeitet und ein Schnelltod gemäß allen Umfragen über das gute Sterben so wünschenswert erscheint! Der rasche Tod ist bei uns der gute, modernitätsgemäße Tod. Hoffentlich ein Hirn- oder Herzschlag ohne langes Leiden! Morgens tot im Bett liegen! Einschlafen am Schreibtisch! Die Sterbehilfeorganisationen sind unter diesem Gesichtspunkt Lebensverkürzungsorganisationen. Es mag sein, dass der assistierte Freitod, wie die Sterbehilfe technisch genannt wird, gut begründet erfolgt, aber dadurch werden die Vorzüge eines langen Lebens und eines langen Sterbens negiert.

»Alles hat seine Zeit«, so noch einmal der Prediger Kohelet in seinem alttestamentarischen Weisheitsbuch. Es gibt eine Zeit für jegliche Sache unter der Sonne, »eine Zeit für die Geburt und eine Zeit für das Sterben« (Prediger, 3,2 f.). Heute hat man keine Zeit mehr für das Sterben. Man will lange leben, aber schnell sterben. Die Verlangsamung des Sterbens, so lässt sich eine Deutung versuchen, bietet Zeit, sich mit dem bisherigen Leben, das keine Zeit bot, zu befassen. Kohelet ergänzend könnte man formulieren: Es gibt auch eine Zeit für das Nachdenken über die Geburt und das Sterben. Man kann es nicht oft genug wiederholen: Die Verlängerung des Lebens und des Sterbens ermöglicht, was einem kurzen Leben nicht vergönnt ist, das In-Ordnung-Bringen der Beziehungen mit den Lebenspartnern, Kindern, Freunden, Bekannten und nicht zuletzt mit sich selbst.

Mit sich selbst heißt auch, mit Unerledigtem, mit Bücherbergen, Stapeln von ungelesenen, aber vorsorglich gehorteten Zeitschriften, im Computer abgelegten Dokumenten und noch nicht verwerteten Notizen umgehen zu können. Gewiss, alles lässt sich nicht arrangieren, ordnen, erledigen. Die Sinnfindung wird dadurch nicht erschwert, sondern erleichtert. Man muss es nur wissen. Die altersentsprechende Erfahrung, dass wir nicht alles machen können, erstreckt sich selbstredend auch auf den Sinnbezirk. Was sowieso geschieht, hat übrigens durchaus einen menschendienlichen Sinn: Es bewahrt den Menschen vor der Überforderung, die gesamte Last und die gesamte Schuld alleine tragen zu müssen, sofern er die Vorstellung eines gütigen und verzeihenden Gottes nicht annehmen kann.

Der Sinn wächst einem bis zu einem gewissen Grad durch das »Sowieso«, durch die Macht des Faktischen zu. Bejahung des Alters bedeutet auch Annahme eines Schicksals, das sich zwar sinnhaft deuten, aber nur beschränkt beeinflussen lässt. Es ist gewiss eine knifflige Frage, ob natur-, schicksalhafte Entwicklungen einen Sinn beinhalten oder ob wir ihnen einen solchen erst zuschreiben. In der Jugend und auch noch im Erwachsenenleben wird jedenfalls das Schicksalhafte gegenüber dem Machen verdrängt. Erst wer altert, erfährt Irreversibles und Unbedingtes am eigenen Leib. Man tut sich nicht nur schwer damit. Denn die Grunderfahrung einer überpersönlichen Entwicklung erleichtert einem machseligen Leben das Scheitern (Gross, 2011). Der Sinn im Alter kann sich nicht mehr auf zentrale Sinnsäulen wie Nützlichkeit oder Zweckdienlichkeit stützen, wie sehr auch immer lebenslängliche Arbeit gepriesen werden mag. Die überkommene Lebens-Sinnfindung läuft gewissermaßen leer. Gilt es doch, entgegen dem Denken in Wettbewerbsvorteilen und Überlebensstrategien, dem biologisch und wirtschaftlich Unnützen einen Sinn zu geben.

Sinn der Schwäche

Altern muss mit Sinn erfüllt und gleichzeitig in seinem Sinn entdeckt werden. Das Altern steht der üblichen Bewunderung, die das Vordringen der Starken und Agilen begleitet, deutlich entgegen. Altern ist Brachland, in das wir einwandern oder hineingescheucht werden, und in das wir – unsere Wohnungen, Schränke und Bibliotheken zeugen davon – vieles aus der Vergangenheit mitschleppen. Das meiste ist überflüssig geworden. Wir brauchen das, was uns einmal unabdingbar schien für ein gutes Leben, nicht mehr. Keine größere Wohnung, keine noch längere Reise, nicht sieben Mal Sex in der Woche.

Könnte das Altern im Sinne des österreichischen Soziologen Leopold Rosenmayr (2011) eine Schule der Selbstbescheidung und Mäßigung, der Selbstsorge und Selbstwerdung beinhalten? Veranschaulicht es, wie man mit weniger gut leben kann? Selbstmäßigung, Selbstbescheidung, Aussöhnung: Kommen wir mit diesen Begriffen nicht dem epochalen Sinn des Altwerdens näher? Verbirgt das Langsamer- und Schwächerwerden einen von der persönlichen Befindlichkeit ablösbaren, geschichtlichen Sinn? Hat Altern, als sich fortsetzendes Abstandnehmen vom Getriebe der Welt, einen Wert?

Von der demografischen Evolution, die von Gesellschaften mit hoher Geburtenzahl und tiefer Lebenserwartung zu Gesellschaften mit tiefer Geburtenquote und hoher Lebenserwartung fortschreitet, eine tugendhaftere Welt zu erhoffen, ist vielleicht töricht und lächerlich. Aber unzählbar sind doch unterdessen die Stimmen, die einer Beruhigung der tosenden und überschäumenden modernen Gesellschaften das Wort reden. Das glänzende Schauspiel westlicher Zivilisation resultiert aus einer extremen Anstrengung ihrer Akteure. In keiner Zeit, so noch einmal Friedrich Nietzsche (1921), haben »die Tätigen, die Ruhelosen mehr gegolten. Es gehört deshalb«, so fährt er fort, »zu den notwendigen Korrekturen, welche man am Charakter der Menschheit vornehmen muss, das beschauliche Element in großem Maße zu verstärken« (S. 262).

Mit der demografischen Evolution, könnte man folgern, wird, was Nietzsche gefordert hat, zunehmend Wirklichkeit. Eine im positiven Sinne demografische Endzeit beendet eine sich im Produktions- und Konsumrausch wälzende Gesellschaft. Die Macht des Faktischen führt zu einer Korrektur. Der Aufstieg der Langlebigen und ihre eingeschränkte Beweglichkeit verlangsamt das in der Moderne zu schnell gewordene Gefährt und führt zu einer Drosselung und Beruhigung. Der Zustand der modernen Gesellschaft bietet genügend Anlass, über eine solche Notwendigkeit nachzudenken. Während Länder mit hohen Geburtenraten unter dem Druck ihrer Nachkommen ächzen und innerlich zu explodieren scheinen, machen die europäischen Gesellschaften einen erschöpften und müden Eindruck. Sie scheinen der dauernden Marschbefehle und der apokalyptischen Unruhe überdrüssig. Sie verweigern sich den inbrünstig wiederholten Aufforderungen, mehr zu leisten, mehr zu konsumieren, mehr und schneller zu wachsen und so immer weiter. Lebendigen Leibes in den Himmel, das war einmal.

Schützender Firnis

Die nicht-altersbedingte Erschöpfung des expansionistischen Denkens trägt viele Namen und hat ihre aus unterschiedlichsten Lagern stammenden Protagonisten. In den allgemeinen Sprachgebrauch eingedrungen ist der Ausdruck »Burnout«. Dieser Begriff scheint einem Horrorfilm entsprungen zu sein. Er weckt Assoziationen an erlöschendes Flackern, an Ausbrennen, an gespenstische Menschen, die vor sich hinstarren, aus denen das Leben entwichen und denen jede Art von Leistung unmöglich ist. Desillusionierung und Apathie aufgrund dauernder Überbelastung haben, sagt man, in der modernen Gesellschaft, die so unentwegt vorwärts rennt, epidemische Ausmaße angenommen. Geheimnisvolle Kürzel wie ADHS (Aufmerksamkeitsdefizit-Hyperaktivitätssyndrom), BPS (Boderline-Persönlichkeitsstörung) oder BS (Burnout-Syndrom) machen die Runde. Untersuchungen von Neurologen behaupten, dass 120 Millionen Europäer ein psychisches Problem haben; dreißig Millionen litten an Depression und vierzig Millionen seien an Angstneurosen erkrankt. Und vierzig Prozent der Frühverrentungen in Deutschland sollen, neueren Studien zufolge, auf psychische Überforderungen zurückgehen.

Summiert man die Zahl der Leidenden und Ausgebrannten und zählt man ihre Seelennot zusammen, so legt sich über die fortschrittsgewillte Leistungsgesellschaft ein Überzug, eine, je nach Einstellung, die Luft abschneidende Deck- oder wärmeverheißende Schutzschicht. Ein Schirm jedenfalls aus Menschen. Steckt dahinter nicht ein verborgener Sinn? Ist es nicht, als wollte sich die Gesellschaft selbst einen Ruhestand verordnen? Und deshalb die Lebenserwartung steigerte? Und ist es möglicherweise der epochale Sinn des Alterns, mit der Abkehr von offensiven Bevölkerungen mit hohen Geburtenraten zu einer Bevölkerung mit hoher Lebenserwartung und tiefen Geburtenraten einen Beitrag zur Beruhigung der modernen Gesellschaft zu leisten? Die europäischen Länder erleben eine neue Parallelgesellschaft, deren Spezifikum darin besteht, dass sie alle erreichen wollen und die meisten erreichen werden: die Gesellschaft der Alten.

Übermüdung und Überalterung geben sich derart, so könnte man urteilen, die Hand und drosseln die schwindelerregende Geschwindigkeit, in der sich moderne Gesellschaften und solche, die es sein wollen, befinden. Sie legen einen kleineren Gang ein. Die Erschöpfung moderner Gesellschaften, die der südkoreanische Philosoph Byung-Chul Han in neuronalen Krankheiten und Syndromen wie Burnout- und Borderline-Persönlichkeitsstörungen ortet und die die hochentwickelten westlichen Länder heimsuchen, beinhaltet, militärisch ausgedrückt, eine Demobilisierung größten Ausmaßes, eine täglich wachsende Verstärkung von Ruheständlern und Senioren, deren schiere Zahl als desaströs, unheilschwanger und letztendlich tödlich für das Überleben moderner Gesellschaften angesehen wird (darum der Ausdruck »Überalterung«).

Verblassen des Paradieses

Es ist deshalb, als erlitte die moderne Gesellschaft einen Ermüdungsbruch. Zerbrochen ist unsere moderne Gesellschaft nicht. Aber sie humpelt. Sie wird zwar mit Marsch- und Wachstumsbefehlen auf Trab gehalten. »Und weiter« – wie zwanzig Kapitelüberschriften von Sibylle Bergs Roman »Vielen Dank für das Leben« (2012) heißen – ist die Überschrift aller Lebenskapitel. Gleichzeitig häufen sich die Meldungen von Burnouts, Überforderungen und Depressionen bei den Jungen. Die heilsgeschichtliche Vorstellung eines Paradieses im Jenseits ist verblasst und die Hoffnung auf ein innerweltliches Paradies in weite Ferne gerückt.

Das Altern moderner Gesellschaften trägt so mit dem Anwachsen des Anteils alter Menschen zunächst in den hochindustrialisierten Ländern, dann weltweit zum Abklingen der Eroberungswut bei. Mit zunehmendem Alter verblasst auch die Hoffnung auf ein Paradies auf Erden, eine Hoffnung, die in der christlichen Heilsbotschaft noch außerirdisch genährt worden ist. Die Spirale des Begehrens erlahmt. Der Diesseitsfuturismus, die Hoffnung auf ein gelobtes Land, ein Jenseits im Diesseits weicht dem illusionslosen Blick auf das noch vor einem liegende, immer kürzer werdende Leben. Der heilsgeschichtliche Drall und das Versprechen einer mysteriösen Endgesellschaft erscheinen, je älter man wird und je mehr die Kräfte schwinden, eigentümlich abseitig.

Der alte Mensch wird, wie es der deutsche Philosoph Odo Marquard genannt hat, illusionsresistent und unbestechlich. Er leidet nicht mehr an einer sein bisheriges Leben in den Schatten stellenden paradiesischen Zukunft. Er ist nicht mehr getrieben von der Vorstellung, die Welt warte auf ihn. Die zunehmende Langlebigkeit führt zu einer Abkehr von der Prahlerei und Kraftmeierei, vom Konkurrenzdenken und Immermehrwollen. In ihr zeigt sich die Kehrseite eines nimmermüden, Tag und Nacht auf Hochtouren laufenden Weltbetriebs. Der Aktionsradius wird kleiner, die Stimme dünner, das Haar schütterer. Die Möglichkeit ist nicht mehr der Alten liebste Wirklichkeit.

Es ließe sich sagen, dass der Sinn einer älter werdenden Gesellschaft in der durch sie hervorgerufenen und ohne Zwang praktizierten Beruhigung und Mäßigung einer turbulenten und außer Rand und Band geratenen Welt liegt. Wettertechnisch wissen wir von der Gewalt von Wetterlagen und Stimmungen und unserer Anfälligkeit für sie. Bei gutem Wetter können Freundschaften eher geschlossen und Wahlen deutlicher gewonnen werden. Altern verbreitet in dieser Sichtweise eine leichte und beruhigende Dämmerigkeit. Altern ist wohlige Ermüdung nach einer gemeinsam unternommenen Wanderung. Beseligende Morgenruhe, in der man den Schlaf der Liebe spürt und der Tag sich hinauszögert. Jedenfalls, wenn wir umsorgt und in Sicherheit sind. Gewiss es gibt auch die andere Seite des Alterns. Die Verzweiflung, die Einsamkeit, den Todeswunsch. »Was soll ich denn da machen – ich möchte nicht mehr erwachen«, so die gerade eingegangene Botschaft eines hoffnungslos erkrankten Freundes.

Fundamentale Müdigkeit

Doch die wohltuende Müdigkeit, wir kennen sie alle, ob alt oder auch jung. Sie ist nicht altersspezifisch. Byung-Chul Han, der in Karlsruhe lehrende südkoreanische Philosoph, wendet den »Versuch über die Müdigkeit« von Peter Handke ins Gesellschaftspolitische. Schon der Titel seiner Schrift »Die Müdigkeitsgesellschaft« (2011) versinnbildlicht Hans Einschätzung des Zustandes moderner Gesell-

Sinn der Schwäche

schaften. Die Leistungsgesellschaft erzeugt, so Han, als ihre Kehrseite eine »exzessive« Müdigkeit und produziert eine massenhafte Erschöpfung. Es ist die Müdigkeit eines erschöpften Ichs, wie sie der französische Soziologe Alain Ehrenberg in seinem Buch »Das erschöpfte Selbst« (2008) beschrieben hat. Die allgemeine Erschöpfung, so Ehrenberg, ist die Antwort auf die Hypertrophie eigenverantwortlicher Selbstverwirklichung. Nach dem Verschwinden der christlichen Welt- und Todesanschauung, die dem armen geplagten Menschen Trost und Erlösung in einer anderen Welt zugesprochen hat, ist die Selbsterlösungsvorstellung gleichfalls ermüdet. Aber diese Ermüdung hat ihr Gutes. Denn sie stoppt das Pathos der Eroberung und Expansion, dem die westliche Denkweise immer noch verfallen ist. Und sie gewinnt mit der Zunahme der Alten zunächst in der westlichen Hemisphäre, früher oder später global, immer neue Populationen der Müdigkeit.

Peter Handke seinerseits diagnostiziert in seinem schon vor mehr als zwei Jahrzehnten erschienenen »Versuch über die Müdigkeit« (1989) eine der modernen Gesellschaft eigene symptomatische und »fundamentale« Müdigkeit. Sie hebe die egologische Vereinzelung auf und stifte Gemeinschaft. Eine Gesellschaft der Müden komme zustande, und diese Gemeinschaft sei die Pfingstgesellschaft von heute. Solche Müdigkeiten seien nicht zu planen, so Handke. Ist unsere moderne Gesellschaft ob ihrer stürmischen Progression nicht ungeplant in eine fundamentale Müdigkeit hineingeraten, die nun verstärkt, man könnte sagen »ge«-stärkt wird durch die Dominanz der Alten? Handke bemerkt, wie die stille Müdigkeit der sterbenden Großmutter das ganze Haus besänftigt und sogar den unverbesserlichen Jähzorn ihres Mannes stillte. Und weiter fragt er, ob zum richtigen Müdesein nicht das Sitzen gehöre: »So wie jene alte krumme Frau in dem Gastgarten, wieder einmal weitergetrieben von ihrem auch schon grauhaarigen, doch ewig gehetzten Sohn, sagte: Ach, sitzen wir doch noch!« (S. 55).

Die Müdigkeit, welche die Langlebigen ergreift, tut der Gesellschaft so gut wie das Großmütterchen dem Haus, in dem sie lebt und stirbt, gut tut. In seinem »Versuch über den stillen Ort« (2012) erinnert Handke an die ebenso selbstverständlichen wie obskuren Rückzugsorte gegenüber dem Gedränge des Draußen. Das Alter ist, um Handke zu paraphrasieren, ein gewaltiger stiller Ort, der uns gnädig aufnimmt. Gewiss verschwindet im Alter auch die menscheneigene Spannung zwischen dem, was ist und dem, was sein könnte. Der französische Anthropologe Louis Dumont (1991) sieht den Beginn der modernen Zeit in der Anstrengung, den Abgrund zwischen Wirklichkeit und Möglichkeit zu verringern (S. 51). Wenn diese Differenz unerheblich wird, beginnt, was wir Fortschritt nennen, zu stottern. Wenn man alt wird, verschwindet die Differenz nicht nur, sondern kehrt sich um. Die Wirklichkeit und nicht mehr die Möglichkeit wird des Menschen liebstes Kind. Es entsteht eine Post-Histoire, eine Post-Moderne, in der Wirklichkeit und Möglichkeit koexistieren können, ohne dass die Möglichkeit die Wirklichkeit foppt und sie fordert, zu ihr zu kommen.

Sinn der Schwäche

Rezessive Dynamik

Die aktivistischen Fortschrittsfraktionen des vergangenen Jahrhunderts haben die Spannung zwischen einem miserablen Diesseits und einem seligen Jenseits auf die Erde verlagert und ein Jenseits im Diesseits versprochen. Statt Erlösung von der Welt Erlösung in ihr. Aber die grandiose Weltordnung, ein großartiges Drittes oder Viertes Reich, eine Kosmopolis, wo alle Menschen Brüder sind und sich eine differenzlose Weltgemeinschaft an den Händen hält – sie bleibt in dieser Welt eine Fata Morgana und als Paradies einer jenseitigen Welt eine Hoffnung für wenige. Die Langlebigkeit befeuert nicht solche Träume, sondern nährt Illusionslosigkeit. Die demografische Entwicklung richtet sich, ein vielleicht irritierender Gedanke, gegen den Irrsinn einer Welt, die in ihrer Dynamik zwar auch die demografische Evolution befördert hat. Mit der Altersgesellschaft kommt eine rezessive Dynamik in Gang, die den Diesseitsfuturismus entzaubert.

Diese Betrachtung mag der fortschrittseuphorischen Moderne, die unerbittlich vorwärtsdrängt und Tagung an Tagung über Wachstumspakte reiht, suspekt sein. Aber der Eintritt ins Alter bringt und dringt darauf. Der Eigensinn des Alters zeigt sich nicht nur im Erreichen eines Überblicks, im Einbringen der Ernte, im Innehalten, im Ausstand, im Moratorium, sondern auch in seiner beruhigenden Kraft. Das Alter legt einer erregten Welt die Hand auf die Schulter. Ein Wunsch, so Ernst Bloch (1951), geht durch alle Wünsche des Alters hindurch, der nach Ruhe, Stille,

Land statt Stadt. Entronnenheit, wo die nassen Kleider trocknen (S. 39 f.).

In einem lehrreichen Aufsatz aus dem vergangenen Jahrhundert hat der Philosoph Max Scheler bemerkt: »Für den Jüngling und Knaben steht seine ... Zukunft da wie ein breiter, heller, ins Unabsehbare sich erstreckender glänzender Gang, ein ungeheurer Spielraum in der Erlebnisform ›Erlebenkönnen‹ und den Wunsch, Verlangen, Phantasie tausend Gestalten malt. Aber mit jedem Stück Leben, das gelebt ist ... verengt sich fühlbar dieser Spielraum des noch erlebbaren Lebens« (1957, S. 18). Die Zukunft wird, je älter man wird, gleichsam aufgezehrt. Diese Aufzehrung muss nicht lähmen, sondern kann beflügeln. Denn die Versprechen der Zukunft sind auf dem Papier allumfassend, ihre Einlösung freilich äußerst ungewiss.

Derart wird der Blick auf die Wirklichkeit im Alter insgesamt illusionsresistenter. Vielleicht und irgendwann erfährt die Wirklichkeit selber eine Verstetigung und Beständigkeit. Zum Werden tritt das Vergehen, zum Tag der Abend, zum Sommer der Herbst und der Winter. Die panische Überproduktion von Menschen resultiert ja auch aus ihrem beschränkten Leben, das zu einer höheren Kadenz der Geburten führen muss. Die Langlebigkeit ermöglicht es, nicht nur mit sich und seiner Vergangenheit ins Reine zu kommen. Altwerdenkönnen macht das Sterben gegenüber dem frühen und jähen Tod in der Vormoderne leichter. Der Sinn des Schwächerwerdens und des Nachlassens, die Bedeutung der im Alter aufkommenden Müdigkeit liegt in der durch sie hervorgerufenen epochalen Beruhigung. Das

Leben wird mit dem Verblassen einer erlösenden Zukunft gelassener, ruhiger, ehrlicher. Wäre die Welt überall eine Altenwelt, wäre sie nicht friedlicher? Ist ihre Schwäche angesichts des Weltzustandes nicht ihre Stärke?

4
Weltmäßigung

Auf schneller Fahrt ins Wohn- und Pflegeheim, wo unsere Mutter bzw. Schwiegermutter ihren sechsundneunzigsten Geburtstag feiern wird, passieren wir eine Anzahl von Dörfern und Kleinstädten, in denen ein lebhafter, geradezu großstädtischer Verkehr herrscht. Angekommen im Heim empfängt uns sogleich eine Oase der Ruhe. Die eintreffenden Verwandten und Bekannten, die Kinder und Enkelkinder unterwerfen sich aufforderungslos einer eigentümlich freundlichen, wenn auch etwas melancholischen Stimmung, wie sie das Alter, das ja nur noch selten, in beunruhigenden Ausnahmefällen aufdringlich und laut ist, mit sich bringt.

Die Fahrt in Mutters Heim symbolisiert in einer extremen Raffung die mit dem demografischen Übergang von kinderreichen Kurzlebigkeitsgesellschaften zu kinderarmen Gesellschaften mit hoher Lebenserwartung verbundene atmosphärische Verfärbung. In Europa mag eine »Renten-Zeitbombe« ticken. Weit bedeutsamer wird freilich das Zeitverzögerungsgeschenk sein, das im Innern moderner Gesellschaften schlummert. Die Langlebigkeitsgesellschaft, wie wir sie in Europa kennen und wie sie weltweit in allen anderen Kontinenten und Kulturen Fuss fassen wird, trägt den Keim zu einer neuen Kultur in sich, einem neuen kulturellen Denkmuster, das die geschichtsbildende Kraft der verweltlichten christlichen, ein Jenseits im Diesseits versprechenden vorwärtseilenden Heilsgeschichte, zu der auch die enorme Steigerung der Lebenserwartung zählte, ersetzen wird.

Diese Ablösung erfolgt mit der fortschreitenden Alterung moderner Gesellschaften und mit der Zunahme der Altenpopulationen in ihnen. Noch einmal: Nach Schätzungen werden im Jahr 2050 die Hälfte der Europäer über sechzig Jahre alt sein. Derzeit ist es ein knappes Drittel. Außerdem werden weltweit weniger Kinder geboren werden. Es kommt zu einer langsameren Erneuerung des Menschengeschlechts. Was das bedeutet, ist in weiten Teilen noch unabsehbar. Das zentrale sinnhafte Element der Alterung, so aber unsere, auch durch die eigene Alterung getragene und verifizierte Annahme, ist die ihnen im Schwächerwerden innewohnende Beruhigung und Entschleunigung. Wenn die historische Rolle des Bevölkerungswachstums in der Mobilmachung aller Kräfte zur Versorgung wachsender Populationen gesehen werden kann, so lässt sich der geschichtliche Sinn der alternden und schrumpfenden Gesellschaften gerade umgekehrt in der Läuterung und Mäßigung, der Demobilisierung und Verlangsamung einer sich selber andauernd überfordernden und letztendlich selber zerstörenden Gesellschaft sehen.

Das mag hoch spekulativ anmuten. Und für die unbeirrt am alten Wachstumsmuster Festhaltenden sogar obskur und haarsträubend. Eine alternde Gesellschaft ist in ihrer Sicht eine Gesellschaft ohne Hoffnung und Zuversicht. Das Wachstum der Lebenserwartung gilt ihr wenig oder nichts. Es verzehrt nur einen immer größeren Teil des erwirtschafteten Sozialprodukts. In den Alten sehen sie, ihrer Lobpreisung des Wachstums entsprechend, nur funktionslose, staatlich alimentierte Klientele. Gewiss lassen sich die Folgen noch nicht umfassend absehen. Aber ob die Abschaffung des Alters und ein Zurück in die demografische Steinzeit mit vielen Kindern und wenig Alten der Menschheit eine neue und bessere Lebensqualität bringen würde, ist wohl noch spekulativer.

Begleitschutz

Die demografische Evolution von kinderreichen und mit niedriger Lebenserwartung operierenden offensiven Gesellschaften zu defensiven, langlebigen, biografisch ganzen und generativ gedrosselten, kinderarmen Altersgesellschaften erfordert selbstredend einen Begleitschutz in Form gesellschaftspolitischer Korrekturen. Das lässt sich nicht durch imposante geschichtsphilosophische Gedanken annullieren. Die Sozial- und Alterssicherungssysteme stoßen an ihre Grenzen. Die Multimorbidität im Alter verbreitet Angst und Schrecken, und die sich parallel zur Steigerung der Lebenserwartung einstellenden neuen Alterskrankheiten Demenz und Alzheimer werden in einer Art und Weise in den Medien behandelt, als träfen sie früher oder später uns alle. Es bedarf behutsamer Korrekturen an der gegenwärtigen Altenpolitik. Von der Abschaffung des Rentenalters bis hin zu einem von den Langlebigen selber alimentierten Netz der Zivil- und Bürgergesellschaft. An Vorschlägen dazu fehlt es nicht.

Die Alten selbst, so zahlreich sie auch sind, sind nicht selten mutlos und ducken sich unter dem schweren Gewicht der angedrohten Gebrechen und aufgetürmten Jahre. Nicht selten fühlen sie sich schuldig an der wortreich angeprangerten Misere und schämen sich, dass es sie überhaupt gibt. Der Übertritt ins Seniorenalter erscheint ihnen keineswegs als Eintritt ins gelobte Land. Als neue Weltmacht, gar als Retter der Welt fühlen sie sich schon gar nicht. Dass sich diese Erfahrungen, die in Langlebigkeitsgesellschaften gemacht werden, letztlich nur zähmen lassen, wenn wir sie mit Sinn versehen, ist evident. Alle Schrecknisse der Welt bekommen ein anderes Gesicht, wenn sie in größere Zusammenhänge gestellt werden. Alle Krankheiten wechseln ihre Farbe, wenn sich an ihnen ein Sinn ablesen lässt. Auch Demenz und Alzheimer, wie fremd dieser Gedanke einer Gesellschaft, die diese Krankheiten dämonisiert und verteufelt, auch sein mag.

In seinem vor mehr als einem halben Jahrhundert erschienenen Traktat über »die Antiquiertheit des Menschen« (1956) beklagt der deutsche Philosoph Günther Anders das »prometheische« Gefälle zwischen der Welt technischer Perfektion und der verletzlichen Natur des Menschen, gleichviel ob es sich um einen Steinzeitmenschen oder um einen Raketenbauer handle. Das Gefälle ist heute ein Gefälle zwischen Altersgruppen, nämlich zwischen adaptionsbereiten und die täglich neu auf den Markt gelangende Hard- und Software virtuos handhabende Jungmannschaft und einer wachsenden auf die Segnungen der digitalen Welt verzichtenden Altenpopulation. Vergeblich allerdings werden auch die Anstrengungen der Jungen bleiben, mit der Kadenz des Fortschrittes Schritt zu halten. Nicht allein weil es immer mehr davon gibt, sondern weil der erschöpfte Leib nicht mehr willens ist, im Zug der Zeit mitzusausen und das zu tun, was Altersratgeber empfehlen: wandern und lesen.

Wie auch immer der individuelle Alterungsprozess vonstatten gehen mag, manchmal schneller, manchmal langsamer: Seine Begleiterscheinungen sind inkommensurabel und irreversibel. Um wie viel später sie auch immer, angesichts der gerne beschworenen soziokulturellen Verjüngung (das heißt der Tatsache, dass man heute weniger schnell alt wird) erfolgen. Die Begleiterscheinungen sind, nicht nur was die Kompetenzen und Möglichkeiten betrifft, mit bitteren Zutaten verbunden, mit Verzweiflung, Not und Scham. Jedenfalls immer mit einem – das kann nicht oft genug wiederholt werden – Nachlassen, das einer prometheischen, auf Perfektion und Vollendung abzielenden Gesellschaft zuwiderläuft und im Rahmen dieser Weltanschauung schwerlich Sinnhaftigkeit erfahren kann.

Die private Sinnfindung ist das eine. Das Nachlassen lässt sich mit einem persönlichen Sinn versehen. Aber hat eine massenhafte Alterung auch einen gesellschaftlichen

Sinn? Auf die Gesamtbevölkerung hochgerechnet, wird es doch jene Kräfte schwächen, die aufgewendet werden, um im Weltkonzert mitzuspielen! Insofern ließe sich der Sinn der altersbedingten Schwächung moderner Gesellschaften therapeutisch denken: Sie könnte die moderne Gesellschaft beruhigen und dämpfen. Der alte Kontinent als Übungsraum evolutionärer Behutsamkeit und die Alterung als Therapie gegen die sich selber überfordernde und in eine ungewisse Zukunft strebende Gesellschaft! Ist das zu schön, um wahr zu sein? Und ist die Beschwörung einer Kultur der Langsamkeit und Entschleunigung nicht abgegriffen und sentimental?

Demografische Endzeit

In der Öffentlichkeit und den Verlautbarungen von Politik und Wissenschaft werden demgegenüber Niedergangsszenarien angeboten. Am Horizont erscheinen matte, todtraurige, verfallende Greisengesellschaften mit stillgestellten, ausgeklinkten und vom Staat künstlich am Leben erhaltenen alimentierten Existenzen, die, wie es ein Literat aus Großbritannien giftig an die Wand gemalt hat, die Läden vollmuffen und die Straßen verstopfen. Szenarien dieser Art tauchen in der europäischen Geschichte schon zu Beginn des 19. Jahrhunderts auf. Gewiss, es fehlt auch nicht an Verherrlichungen eines glücklichen und paradiesischen, in einer wohligen Vergreisung terminierenden Alters. Sowohl Georg Wilhelm Friedrich Hegel als auch Friedrich

Schelling, beide Philosophen des beginnenden 19. Jahrhunderts, haben dem Alter einen erhabenen Platz in der persönlichen und parallel dazu auch in der Weltgeschichte eingeräumt. Altersapologien gab es, wie etwa vom römischen Staatsmann Cicero, schon in der Antike – von alt gewordenen Staatsmännern.

Aber Denken war ein Vorrecht weniger. Früher war es nur einer kleinen Elite vergönnt, dies zu tun, weil den Menschen aufgrund der niedrigen Lebenserwartung und des meist jähen Todes die Zeit dafür fehlte. Auch Jean Jacques Rousseaus dem Altern ungnädige Verfallstheorie konnte nur geschrieben werden, weil Rousseau im Unterschied zu neunundneunzig Prozent seiner Mitbürger ein relativ hohes Alter, nämlich 66 Jahre, erreichte. Eine Geschichtsschreibung von unten durch die kleinen Leute ist in dieser Zeit undenkbar, weil »unten« keine Zeit und kein Alter dafür vorhanden waren.

In den die christliche Heilsbotschaft nur noch in Resten erinnernden Langlebigkeitsgesellschaften muss der Sinn neu, von Innen heraus entwickelt werden. Er verbirgt sich, weil das Altern neu ist, er ist noch latent. Das gilt nicht nur für den eigenen, je individuellen Lebenssinn, sondern auch für den geschichtlichen Sinn der Langlebigkeit. Das Geschichtsbewusstsein ist nicht mehr ein Privileg von gut situierten Eliten, sondern bildet sich in allen Langlebigen aus. Auch in den Köpfen der Unterprivilegierten. Solches Nachdenkenmüssen ist gewiss schwer erträglich für Geister, die den Zweck jeden Lebens im Aufbruch, im Wachstum, im Fortschritt, in der Expansion und in der ständigen Erweiterung der Optionsräume sehen, und deren Lebensabend noch fiebrige, hyperaktive Züge annimmt. Aber das Altern dauert lange und immer länger, ergreift immer mehr Menschen und Zug um Zug auch die noch im Fortschrittstaumel um Wachstumsraten konkurrierenden Kurzlebigkeitsgesellschaften samt ihren Verfechtern. Die Parallelität von Kurz- und Langlebigkeitsgesellschaften beginnt sich langsam, aber stetig aufzulösen.

Die Lebenserwartung hat sich bei uns, man kann es nicht oft genug wiederholen, in den letzten zwei Jahrhunderten verdoppelt. Das Alter nimmt inzwischen fast ein Drittel der Lebenszeit ein. Das ist keineswegs der schmächtige Rest einer verlorenen Ewigkeit, wie der Sozialhistoriker Arthur E. Imhof (1985, S. 211) die gewonnenen Jahre etwas abschätzig genannt hat. Kann man doch nur etwas verlieren, was man vorher besessen hat! Und wird doch die Ewigkeitserzählung, wenn überhaupt, höchstens noch schwach erinnert! Der Glaube an sie stirbt mit dem Tod der noch im christlichen Glauben Großgewordenen hinweg. Dieser, wie Arthur E. Imhof ihn nennt, »schmächtige Rest« bewirkt nämlich die Vervollständigung einer in der ganzen bisherigen Geschichte um das Alter gekürzten Lebensgeschichte. In diesem noch verbleibenden Leben ist Zeit geschenkt für das Nachdenken über das Leben. Es weitet sich das Sein. Der Geist selbst, so Byung-Chul Han (2009), verdankt vielleicht seine Entstehung überhaupt einem Überschuss an Zeit.

Altern ist zwar so unterschiedlich, wie die alternden Menschen unterschiedlich sind. Das Alter ist ein Chamäleon. Die persönlichen Befindlichkeiten wechseln wie das Wetter. Auch in den anderen Lebensphasen. Aber das mit dem Altern verbundene, erstmals in der Geschichte mögliche Ganzwerden eines in der bisherigen Menschheitsgeschichte verkürzten und so früh gestoppten Lebens und die damit verbundene Weitung der Zeit ist allen geschenkt. Aber sie ist noch leere, nicht mit Sinn versehene Zeit. Sie ist erst die Bedingung der Möglichkeit, sich in einer fundamental neuen Weise das Leben und die eigene Existenz zu vergegenwärtigen.

Hat der Tod die Menschen in der Mitte des Lebens geholt, ließ sich nicht über die Mitte des Lebens nachdenken. War das Altern kein Lebensabschnittspartner, sondern ein Lebensfeind, so hat man es stumm ertragen und ein anderes Leben, ein Leben nach dem Tod imaginiert. Die quantitativ mit der Expansion der Lebensspanne geschenkte Lebenszeit ist, qualitativ gesehen, Zeit der Abrechnung und Aufarbeitung, der Aussöhnung und der Reue, wie viele Antworten man auch schuldig bleiben muss. Das Selbst- und Weltbewusstsein kann so eigentlich erst erwachen. Max Weber, der Klassiker der deutschen Soziologie und Nationalökonomie, hat, anschließend an die Erzählungen des russischen Schriftstellers Leo Tolstoi, ein lebenssattes von einem lebensmüden Sterben unterschieden (1991). Abraham oder irgendein Bauer der alten Zeit, so Weber sinngemäß, starb lebensgesättigt, weil ihm das Leben gab, was er von ihm erwartete und was es bieten konnte. Der moderne Mensch indes sei hineingestellt in den endlosen Fortschritt und könne daher nicht lebenssatt, sondern höchstens lebensmüde aus der Welt gehen.

Den lebenssatten Bauern mag es in Tolstois Erzählungen in großbäuerlichen Exemplaren geben. Ansonsten war das Leben der Kleinbauern nicht nur im Zarenrussland, sondern auch bei uns mit einem bitteren Los verbunden. Die bäuerliche Bevölkerung wurde großteils vor dem Altern aus dem Leben gerissen. Und die Lebensmüdigkeit, die Max Weber dem modernen Menschen zuschreibt, ist jedenfalls heutzutage keine Folge eines endlosen Fortschritts, vor dem das eigene Leben unerfüllt beendet werden musste, sondern ein Resultat einer persönlichen Erschöpfung. Denn der Fortschritt schwirrt in alle Richtungen und die Zukunft strebt nicht mehr einem Konvergenzpunkt zu. Wir wissen noch nicht, was wir noch nicht wissen, wie der deutsche Soziologe Niklas Luhmann diesen Zustand schelmisch gekennzeichnet hat.

Aber wir wissen, dass die Weltgesellschaft älter wird. Die moderne Gesellschaft erhält mit dem Altern einen geschichtsmächtigen und von Jahr zu Jahr gewichtiger werdenden, sich anhäufenden Rohstoff. Nur was die Menschen mit diesem Rohstoff anfangen, darüber lassen sich erst Vermutungen anstellen. Ein Zeitintervall, eine noch eigenschaftslose neue Dimension des Menschenlebens. Sie wird die Sinngebungsversuche einer gestutzten Lebenszeit ablösen.

Das zentrale sinnhafte Element der individuellen, der persönlichen Alterung, so die Annahme, ist die mit der Verlängerung des Lebens sich einstellende Möglichkeit, das Leben rückblickend zu ordnen und zu beruhigen. Nie darf vergessen werden, dass es, wie eine alte Wahrheit heißt, nicht darauf ankommt, wie alt man ist, sondern wie alt man sich fühlt, oder dass es nicht darauf ankommt, wie alt man wird, sondern wie man alt wird. Dass man alt wird, ist Schicksal, aber wie man alt wird, Aufgabe. Seneca, der römische Philosoph, soll gesagt haben: Wie lange ich lebe, hängt nicht von mir ab. Ob ich aber wirklich lebe, das schon. Und die besten Voraussagen seien jene, so hat es der Prophet Jonas sinngemäß ausgedrückt, die sich nicht erfüllen, weil die Menschen ob ihrer Kenntnis der Voraussagen ihr Leben ändern (Jon. 3. 1–10).

Die Mädchen von heute sind deshalb nicht die Mütter von morgen, die Kranken von heute sind nicht die Kranken von morgen und die Alten von heute sind nicht die Alten von morgen. Es wird bis in alle Zukunft medizinische und technische Fortschritte geben. Es lässt sich noch gar nicht absehen, in welcher Art die Steigerung der Reflexion und das Wissen vom langen Altern das Alter selber verändert.

Die demografische Weltlage wird sich entsprechend ändern. Sie offenbart derzeit ein düsteres Bild. Eine Orgie von Gewalt und eine Häufung von menschenunwürdigen Zuständen. Von einer zunehmenden demografischen Beruhigung kann gerade mit Blick auf den arabischen Frühling überhaupt keine Rede sein. Es ist tröstlich zu hören, dass früher oder später ein Rückgang der Geburtenziffern weltweit zu beobachten sein wird. Nach dem Jahr 2050 erwartet die Bevölkerungswissenschaft nur noch ein leichtes und dann abflauendes Bevölkerungswachstum. Mehr als drei Viertel der Weltbevölkerung leben aber zur Zeit noch in unruhigen und offensiven Demografien mit wuchernden Bevölkerungen, hohen Geburtenraten und einer beängstigenden Kindersterblichkeit. Und einer Lebenserwartung, wie sie bei uns noch vor zwei Jahrhunderten die Regel war.

Alle zweieinhalb Sekunden wird auf der Welt ein Baby geboren. Fast alle erblicken das Licht der Welt in außereuropäischen Ländern, in Asien, Afrika, Südamerika. Aber der Kindersegen ist in jenen Ländern oft kein Segen. Für die Eltern nicht und für die Kinder schon gar nicht. Es ist hart, aber wahr. Die Weltbevölkerung wächst Jahr für Jahr um 80 Millionen Menschen, das heißt um die Bevölkerung eines Landes wie Deutschland. In den kinderreichen und lebenserwartungsarmen Gesellschaften herrscht ein gnadenloser Überlebenskampf. Um Ressourcen, Nahrung, Geld, sozialen Aufstieg, auch Waffen. Um einen, wie es in der Fernsehlotterie so schön heißt, Platz an der Sonne.

Noch einmal Malthus

Für die Weltbevölkerung trifft, abgesehen von den westlichen Industriestaaten, augenscheinlich weiterhin zu, was der bekannteste Gesellschaftstheoretiker seiner Zeit, Thomas Malthus, vor gut zweihundert Jahren behauptet hat. Nämlich, dass sich die Bevölkerungen in geometrischer

Progression (d. h. durch Verdoppelung der jeweils erreichten Zahl) vermehren werde und die Nahrungsmittelproduktion, die lediglich arithmetisch wachse, damit nicht Schritt halten könne. Krankheiten, Elend und Kriege würden das Wachstum der Bevölkerungen auf ihre Weise eindämmen. Es komme zu einem Missverhältnis zwischen der Zahl der Menschen und der Nahrungsmitteldecke der Erde. Die Folge seien Hungersnöte. Der Tisch sei nicht mehr für alle gedeckt.

Für die Langlebigkeitsgesellschaften gilt gerade das Umgekehrte. Malthus hat diesen Fall nicht sehen können oder wollen. Bei sinkenden Geburtenzahlen ist die Nahrungsmittelproduktion in der Jetztzeit derart gigantisch, dass bei uns täglich ein monströses Drittel der Lebensmittel im Müll landet oder sonstwie, wie es höflich heißt, entsorgt wird. Einer wachsenden Zahl von Hungernden in der Welt steht eine wachsende Zahl von Fettleibigen in der neuen und auch alten Welt, in den USA und Europa gegenüber. Der durchschnittliche Europäer, so der Kulturanthropologe Paul Harrison (1994), häuft im Verlauf seines Lebens einen Müllberg vom Tausendfachen seines Körpergewichtes an, und das »Abfallmausoleum« eines Amerikaners entspreche gar dem Viertausendfachen seines Körpergewichtes (S. 254 ff.). Eines Körper-Übergewichts, von dem dreihundert Millionen Menschen weltweit betroffen sein sollen. Und das, wie neue Untersuchungen zeigen, wiederum durch Stress und Arbeitsdruck entstehen soll.

Malthus hat die exponentielle Vermehrung der Bevölkerung überdies in den unzähmbaren Leidenschaften zwischen den Geschlechtern vermutet. Leidenschaften, die seiner Ansicht und seinem Wissen nach nur schwer zu befrieden und durch ihre Koppelung mit der Zeugung für diesen Zustand letztlich verantwortlich seien. Die modernen Gesellschaften haben unterdessen Mittel zur Selbstsorge und Geburtenkontrolle entwickelt, die Malthus ebenfalls nicht erahnen konnte. Die natürliche Verbindung von Leidenschaft und Zeugung wird im Jahr 1960 mit der Erfindung der Antibabypille technisch im Prinzip folgenlos gemacht. Überproduktion und Kinderarmut: ein merkwürdiges, von Malthus unvorhergesehenes Gespann, das aber vielleicht doch eine Reaktion auf die schwindelerregende moderne Welt darstellt.

Die mittels Kontrazeptiva mögliche Geburtenverhütung war jedenfalls ein entscheidender Baustein für den Rückgang der Kinderzahlen. Und erst die Verkleinerung der Familien wiederum hat es der Frau ermöglicht, den Lebensstandard zu erhöhen, ein selbständigeres Leben zu führen, eigenes Geld zu verdienen und sich zu emanzipieren. Ganz zu schweigen davon, dass Familienplanung weltweit Hunderttausende von Frauen vor dem Tod im Kindbett oder durch Abtreibungen bewahren würde. Mit dem Zugang zur Familienplanung gibt es weniger Geburten, weniger Abtreibungen, weniger tote Mütter, weniger sterbende Säuglinge. Thomas Malthus und seine unzähligen Befürworter und Gegner haben sich nur am Rande mit dem kontinuierlichen Wachstum der Lebenserwartung befasst. Es finden sich keinerlei Hinweise auf das Wachstum der Lebenserwartung und die dadurch erst ermöglichte entlastende Rolle der heutigen Mehrgenerationenfamilie. Es finden sich auch keine Hinweise auf mögliche Vorzüge kleinerer Populationen mit hoher Lebenserwartung. Auch von den psychologischen Vorteilen der nachhaltiger lebenden Generationen ist nicht die Rede. Was Malthus übersah, wird auch noch heute, nach vielen Jahrhunderten Lebenserwartungszunahme nicht in seiner Bedeutung für moderne Gesellschaften erkannt.

Europäisches Kontrastprogramm

Europa bietet auch dazu das Kontrastprogramm. Ältere und alte Menschen prägen nicht nur die Stadtbilder, die Restaurants, die Einkaufszentren und öffentlichen Plätze. Ihre Dominanz ist gelegentlich so krass, dass man sie gar nicht mehr wahrnimmt. An manchen Orten gibt es keine Alten mehr, weil alle alt sind. Aber ist ihre Dominanz beunruhigend? Wie auch immer der demografische Untergang des Abendlandes und das Aussterben des alten Kontinents abgeleitet werden – in der alltäglichen Wirklichkeit: Nein. Alle wollen alt und alle wollen noch älter werden. Auch die Jungen. Auch wenn die Alten keine Weltmacht sind und wie die grauen Panther und Parteisenioren heterogen und ohnmächtig operieren, längerfristig wachsen ihnen immer neue Genossen zu, deren gemeinsames Merkmal ein nachlassendes Altern ist. Alte beruhigen. Wo Alte sind, erfährt jede Gegebenheit eine atmosphärische Verfärbung ins Unaufgeregte.

Ihre kritische Masse wird das Leben verwandeln. Langlebigkeit revolutioniert das Einzelleben und das gesellschaftliche Miteinander. Dennoch: Statt die demografisch beruhigten Bevölkerungen Europas ob ihres Erfolges zu schätzen und in ihren Vorzügen zu verteidigen, gilt die Anerkennung der Politiker und Wirtschaftsführer des alten Kontinents den stürmisch wachsenden Bevölkerungen in Afrika, Teilen von Asien und Südamerika. Die übrigens, wenn sie gefragt werden, welche Bevölkerungsstruktur sie, wenn sie wünschen könnten, haben wollen, die unsrige nennen.

Die alte Welt ist nun einmal gleichsam erwachsen geworden, erwachsen wie ein Kind, das, wenn es erwachsen ist, ja auch nicht mehr wachsen will. Es ist immer noch ein bescheidenes Wachstum, eine Art Restwachstum über Zuwanderung zu erwarten. Es ist denkbar, dass sich die ökonomische und kulturelle Dynamik dadurch verlangsamt. Aber wachsen wird weiterhin die Lebenserwartung. Intensiviert werden die Beziehungen zwischen den Generationen. Die Frage, inwieweit das Wachstum der Lebenserwartung den numerischen Zuwachs an Köpfen kompensieren könnte, also inwieweit eine »Zuwanderung von innen« die von aussen ersetzen oder mindestens ergänzen könnte, ist den meisten so fremd wie der Gedanke des Lebenserwartungs-Wachstums insgesamt (vgl. Gross, 2010).

Die Diskussion über Altern und die demografische Entwicklung leidet unter einer verengten, nur das Wachstum an Köpfen in Betracht ziehenden Wachstumsvorstellung. Dabei gibt es nicht nur für die Medizin ein gefährliches und bösartiges, einem Krebsgeschwür ähnelndes Wachstum. Und eine Gesundschrumpfung als wohltuende rezessive Dynamik. Sondern auch ein nicht quantitatives, qualitatives, nachhaltiges Wachstum an Jahren und damit an Lebenserwartung. Einhergehend mit einem Sinkflug der Mortalität, der mit Recht einer der größten zivilisatorischen Erfolge der jüngeren Geschichte genannt wird (Kloepfer, 2012). Das viel genannte Hotel Mama ist übrigens auch eine Folge der hohen Lebenserwartung. Man kann nur zwanzig oder dreißig Jahre bei Muttern wohnen, wenn es sie auch für Zwanzig- oder Dreißigjährige noch gibt!

Wachsende Alterszeit ist gewonnene Zeit. Das lange Moratorium, das uns für das letzte Drittel unseres Lebens erwartet, ist weder eine Quelle der Angst noch eine letzte Gelegenheit, sich der zur Neige gehenden Süße des Daseins bedingungslos hinzugeben. Sondern eine Quelle von Sinn. Die gewonnen Jahre ermöglichen und erzwingen die biografische Reflexion. Aber nicht nur. Der Mensch ist immer auch das Zentrum eines Netzwerkes von Beziehungen. Im Tempo der Moderne sind diese beschädigt worden. Irgendwie scheint dem modernen Menschen die Weltentwicklung davongelaufen zu sein. Überall geben uns die modernen Dampfhämmer, die Computer das Tempo vor. Überall und unentwegt heißt es: Bigger, Better, Faster, More. Nur im Altern nicht. Alter beruhigt. Ende mit Höher und Weiter. Das große Moratorium ermöglicht eine Reflexion der schäumenden Gegenwart, die dem vormodernen Menschen verschlossen blieb. Diese Nachdenklichkeit kommt nicht automatisch. Nicht immer gelingt sie. Und die Verlangsamung der Gangart älterwerdender Gesellschaften ist nicht mehr nur ein Vorteil. Aber zum ersten Mal in der Weltgeschichte ist beides prinzipiell mit dem Wachstum der Lebenserwartung gegeben.

Ende des Steigerungswillens

Gewiss, die Wege im Alter sind unterschiedlich. Die Frage nach dem gesellschaftlichen Sinn der Alterung moderner Gesellschaften, die Frage nach dem Sinn des langen, manchmal zu langen Lebens, die Frage nach dem nicht mehr zu frühen und jähen, sondern nach dem späten, möglicherweise manchmal auch zu späten Tod bleibt. Sie findet in den privaten Lebensweisen Hinweise auf eine Antwort. Alter macht, wer könnte das nicht bestätigen, ruhiger und gelassener! Die Beschäftigung mit der Familie, den Kindern und Enkelkindern, alles nimmt einen langsamen Gang an. Man isst und denkt langsamer. Man will nicht mehr dabei sein, vom Flachbildschirm bis zum i-Phone. Die in modernen Gesellschaften herrschende aggressiv-hyperaktive Grundstimmung erfährt eine Milderung.

Zum manifesten, fraglos einsehbaren Sinn tritt so, auch an einem selbst gemessen, ein verschwommener latenter Sinn, der die Wende von Kurzlebigkeits- zu Langlebigkeitsgesellschaften zu plausibilisieren vermag. Dieser Sinn ist schwer vermittelbar. Die unaufhebbaren Begleiterscheinungen des Alterns, das Nachlassen der Sinne und Kräfte, die Hinfälligkeit und Verletzlichkeit, sie geleiten erst in die Tatsachen-Zusammenhänge, die sinnstiftend sind. In einer Gesellschaft, die nach dem Bild einer Olympiade abzulaufen hat, einer Gesellschaft, die ihr ganzes Wollen der Steigerung und Spitzenleistung und ihre ungeteilte Bewunderung dem dynamischen, flexiblen, faustischen Menschen verschrieben hat, wird mit der demografischen Evolution und dem Älterwerden der Gesellschaften der Expansions- und Steigerungswille gebrochen. Eine Altendecke drosselt, so könnte man sagen, die hohe Kadenz von Schöpfung und Zerstörung. Überall, nicht nur in den Altersheimen, wird es Oasen des Anders- und Unnützseins, der Ruhe und Gelassenheit geben.

Gewiss lassen sich auch andere Szenarien denken. Anstelle der Ruhe ein vielstimmiges, wirres Geplapper. Straßen und Supermärkte verstopft mit vergessenen Rollatoren und gefüllt mit verwirrten Hochbetagten. In den Alters- und Pflegeheimen aufbegehrende Revoltiergreise und boshafte Suffragetten. Oder die Überschwemmung moderner Gesellschaften mit lärmenden Rentner-Wichtigtuern in großen Limousinen, teuren Geschäften, noblen Restaurants und lauten Rentnerparadiesen. Ballermann für Senioren. Die Gründung von Altenstädten ohne Kinder und Jugendliche. Wie immer sich auch die Altenpopulationen in mehr oder minder liebenswerte Segmente aufteilen, das Alter als Attribut lässt sich nicht abwählen, es zieht stetig und unerbittlich seine Bahn und hinterlässt Spuren, die durch keinerlei Retuschen und Operationen rückgängig zu machen sind. Ebenso unerbittlich bleibt die große und zentrale Frage zurück, was denn dieses unerbittliche Älter- und immer Älterwerden für einen Sinn haben könnte.

Die biblische Apokalyptik und die aus ihr abgeleitete Welt- und Todesanschauung haben dem beschränkten Altern und dem frühen Tod Trost und ein sinnhaftes Gesicht gegeben. Der Tod überwies einen ins Jenseits in ein Reich, wo alle Tränen abgewischt werden. Die Befristung der Zeit, die Endlichkeit wurde aufgehoben in einem grandiosen Finale. Die verweltlichte Heilsgeschichte erhebt eine endlose Zukunft zum Jenseits und die Selbsterlösung zum Programm. Die Himmelsleiter weist nicht mehr aufwärts, sondern vorwärts in eine lichte Zukunft. Die irdische Apokalyptik mit ihren Endzeitvorstellungen rechnet indes nicht mit den fortschritts- und wachstumskritischen Potentialen und lässt Sinn im Schwinden und Nachlassen naturgemäß nicht zu.

Der Schwächling, so war es schon in der Schule, verfügt freilich auch über erstaunliche Tugenden, welche dem Starken wenig geläufig und nicht selten verächtlich sind: Gelassenheit, Geduld, Sanftmut, Freiheit, Dankbarkeit und Liebe. So jedenfalls die Aufzählung von Anselm Grün über Tugenden des Alters (2010). Diese Tugenden an Hochschulen zu lehren oder zu praktizieren, wäre obsolet. Ein Sturm der Entrüstung wäre absehbar. Denn es wären Beruhigungs-Seminare. Schulen und Universitäten sind Exerzierplätze der Mobilisierung. Die Wirtschaftsforen, die landauf, landab stattfinden ebenso. Den Prozessen der Mobilmachung des Menschen verpflichtet, lehren sie

Schnelligkeit und moderne Versionen der unseligen nationalsozialistischen Formel »Flink wie Windhunde, zäh wie Leder, hart wie Kruppstahl«. Wie für vieles andere, sind Alte dafür zu alt.

Vielleicht sind die Jungen für das hier gezeichnete Altenbild zu jung. Der kalifornische Historiker Theodore Roszak, der in den sechziger Jahren mit seiner Studie »The Making of a Counterculture. Reflections on the Technocratic Society and its youthful Opposition« die Jugendrevolte und die sexuelle Revolution begrüßt hat, sieht 1998, selber 65 Jahre alt, am Horizont des amerikanischen Way of Life (nicht zuletzt durch die seit der Jahrtausendwende ins Pensionsalter geratenen unbotmäßigen Alt-68er) eine Langlebigkeitskultur aufsteigen. Er erhofft sich eine Gegenkultur zum raubgierigen Kapitalismus und zur Ausbeutung der Umwelt. In seinem Buch »America the Wise. The Longevity Revolution and the true Wealth of Nations« (1998) ortet er in der Massenalterung die Chance einer »kulturellen und spirituellen Ressource«. Wer weiß, ob sie durch den fröhlichen Pauperismus, wie der japanische Soziologe Noritoshi Furuichi die Einstellung jener nennt, die sich aus freien Stücken der Familiengründung, dem Kinderwunsch und dem materiellen Glück verweigern und den letzten Zufluchtsort in ihrer Familie sehen, früher oder später auch bei uns Unterstützung erhalten (Hijiya-Kirschnereit, 2012).

Langlebigkeitskultur als Gegenprinzip

Durch Fortschritte in der öffentlichen Gesundheitsvorsorge und der medizinischen Wissenschaft ist der Tod zurückgedrängt und Brachland gewonnen worden. Der Eintritt der Alten in die amerikanische Geschichte führt, so Roszak, zu einer bislang unbekannten Langlebigkeits-Revolution, die eine nachhaltige Verschiebung des mentalen Gleichgewichts zugunsten von Werten bewirkt, die, so die Hoffnung Roszaks, älteren Menschen am meisten am Herzen liegen: Linderung des Leids, Gewaltlosigkeit, Gerechtigkeit, Empathie und die Erhaltung der Schönheit des Planeten. Und vor allem, wie es im Titel »America the Wise« zum Ausdruck kommt, von Weisheit.

Und der deutsche Philosoph Peter Sloterdijk hat die Abkehr von der Welt des Lärms und die Einkehr in die Welt der Ruhe und Meditation durch die Alten folgendermaßen beschrieben: »Was das Alter zu einem wahrhaft philosophischen Thema macht, ist sein Zug zur Weltferne, die ebenso in den Gliedern wie in den Gedanken der Alten Platz zu greifen vermag« (1996, 20). Die Alten vertreten, so Sloterdijk, durch ihr bloßes Dasein nicht nur ein »Gegenprinzip« zum tausendjährigen Reich der Kraft, als welches sich, so Sloterdijk, »die verfasste Wirklichkeit in uns als ihren Leistungsträgern darstellt« (S. 20). Sondern in ihren müden entkräfteten und zurückgezogenen Gliedern seien sie ein Symbol der Mäßigung. Der epochale Sinn der Alterung liegt, so ließe sich Sloterdijk in knappster Form resümieren, in ihrem Beitrag zur Weltmäßigung. Ob sie

Weltmäßigung

das wollen oder nicht. Eine vergreisende Welt, ein saeculum senescens als Weltrettung? Erinnert diese Hoffnung nicht an Hegels Überlegungen zur Welt- und persönlichen Geschichte?

Vielleicht sind Roszak und Sloterdijk verspätete Nachfahren von Georg Wilhelm Friedrich Hegel, dem deutschen Philosophen des beginnenden 19. Jahrhunderts. In seiner Philosophie der Weltgeschichte (1822/23) hat dieser versucht, dem Alter in der Biografie des Einzelnen wie in der Geschichte eine eigene und herausragende Stellung zuzuweisen. Den Hintergrund bildet die abendländische Geschichtsauffassung, die als verweltlichte christliche Heilsgeschichte, als Profangeschichte eine unumkehrbare Richtung auf ein künftiges Ziel verfolgt, deren Etappen analog der (männlichen) Lebensgeschichte die Phasen der Kindheit, des Knaben-, des Jünglings-, des Mannes- und des Greisenalters sind.

Die fünfte Phase, das Greisenalter, realisiert sich für Hegel im Reich des Nordens und ist gekennzeichnet durch eine wachsende weltliche und geistige Versöhnung. Das Greisenalter ist eine Zeit der Versöhnung, der die Rolle einer Vollendung zukommt. Der Geist kommt zu sich selbst, das Weltverhältnis wird befriedet, das Besondere mit dem Allgemeinen vermählt. Es erfolgt eine Art Zusammenschluss von Anfang und Ende der Geschichte, sowohl individuell als auch allgemein. Das Kindesalter ist nach Hegel die Zeit der natürlichen Harmonie, einer Einheit mit dem Ganzen, so wie das Greisenalter die Zeit der Weisheit ist. Das biblische »Werdet wie die Kinder« (Matth. 18, 3) steht damit im Einklang. Hegel sieht den Sinn der Schwäche, des »natürlichen Sichabstumpfens« darin, die Loslösung von Einzelobjekten zu forcieren und so reibungsloser zu sich selbst kommen zu können.

Gefahr der Überhöhung

Das Moratorium, das uns die gewonnenen Jahre verschafft hat, ist weniger eine Zeit der Vollendung und Erlösung als eine der Läuterung. Der gewonnene neue Lebensabschnitt dient biografisch der Selbstreflexion und Selbstkorrektur. Geschichtlich, in seiner Gesamtheit, einer Weltkorrektur, einer Mäßigung und Beruhigung einer chaotisch gewordenen Geschichte. Dazu gehören auch der freiwillige oder unfreiwillige Rückzug von einer totalen Lebensteilhabe in eine mehr oder minder aufgenötigte Genügsamkeit und Einsamkeit. Diese stehen wuchtigen und in ihren weltlichen Versionen größenwahnsinnigen Maximalprogrammen und geschichtsphilosophischen Globalentwürfen entgegen. Fordern sie doch und stellen Fragen nach der Verantwortung für die künftigen, auch die noch nicht geborenen Generationen. Das große Moratorium freilich wächst uns über die gestiegene Lebenserwartung zu. Es muss nicht verordnet werden. Es birgt nicht nur die Möglichkeiten der Umkehr, sondern es ist sie. Der gesellschaftliche Fortschritt, der die zivilisatorische Errungenschaft ermöglicht hat, ermöglicht mit der zugewachsenen Zeit auch das Nachdenken über ihn.

Weltmäßigung

Wie wurde nicht über Jahrzehnte das Ende des Wachstums gepredigt und angemahnt; was wurde nicht alles von
Präsidenten und vom Papst, von weltlichen und kirchli-
chen Oberhäuptern geschrieben, um den Planeten Erde vor
einer Übernutzung zu schützen! Was wurde nicht alles an
Begründungen aufgeboten, um die expansiven Programme
und die Wachstumszentrierung der Welt zu hinterfragen
und allenfalls aufzuhalten! Und was wurde nicht immer
wieder, aber ohne Erfolg gefordert: Abschied vom Wachs-
tumswahn und Überwindung der Wachstumsschwäche!
»Du musst dein Leben ändern« ist spätestens seit Peter
Sloterdijks so betiteltem Buch (2010) zum Allerweltspro-
gramm geworden, dessen Nennung schon, auch wenn sich
niemand lebenspraktisch darum schert, Absolution ver-
spricht. Aber wie groß der ökologische Fußabdruck auch
geworden und wie hoffnungslos die Traglast der Erde auch
strapaziert ist, die Warnungen blieben Warnungen. Wir leben wie in zwei Welten: einer realen Welt des Mehrs und einer virtuellen Welt der Lippenbekenntnisse zum Verzicht.

Eintritt der Ruhestifter in die Geschichte

Mit dem Eintritt der Alten in die vorwärtsorientierten
und fortschrittseuphorischen modernen Gesellschaften
können die Lippenbekenntnisse Wirklichkeit werden. Wir
brauchen weder klösterliche noch philosophische noch
fernöstliche Weisheiten: Auch keine Altersapologie mit
den Alten als künftigem auserwähltem Volk Gottes. Das

Altern lebt die Umkehr, muss sie leben. Die Kraft des Faktischen schafft Tatsachen. Alterung und abflauendes Bevölkerungswachstum tragen vielleicht dazu bei, die Umwelt- und Ressourcenprobleme zu lösen. Aber das ist nicht alles. Sie entschleunigen und beruhigen den Geist und geben ihm Zeit. Der Mensch hat, wie es Theodor Roszak einprägsam formuliert hat, Leben vom Tod erobert, so wie die Holländer fruchtbares Land aus der Weite des Meeres gewonnen haben. In seinen berühmten Thesen über Feuerbach schreibt Karl Marx: »Die Philosophen haben die Welt nur verschieden interpretiert, es kommt darauf an, sie zu verändern.« Die Langlebigen verändern sie.

Mit der Zunahme der Langlebigkeit mäßigt und beruhigt sich die sich auf einen schnellen Menschen-Verschleiß stützende vorwärtsstürmende Moderne, in der das Neue alles und das Alte nichts ist, wo die Progression triumphiert und jede Reduktion des Teufels ist. Das selbst erlebte Älterwerden ist verbunden mit Ruhiger- und Schwächerwerden. Der Eintritt der Alten in die Weltgeschichte ist, so ließe sich vielleicht sagen, der Eintritt der Ruhestifter. Dies bedeutet nicht ein Ende der Geschichte, wie es in den letzten hundert Jahren immer wieder, von Spengler bis Fukuyama, mit erhobenem Mahnfinger verkündet worden ist. Wenn die demografische Evolution weltweit gleichmäßig durchschritten wird, führt sie möglicherweise zu einem Ende der bislang auf Wachstum, auf Expansion, auf Schnelligkeit und Flexibilität fixierten Fortschritts- und Steigerungsgeschichte. Nicht Appelle und Gebete, sondern die demografische Demobilisierung und die damit einhergehende Erschöpfung werden die alten räuberischen, expansiven und letztlich selbstmörderischen Wertordnungen, in denen allein Wachstum Wohlstand garantieren soll, zu korrigieren vermögen.

Dabei handelt es sich nicht um den immer wieder beschworenen Untergang frigider, nachkommenloser Generationen. Sondern um den Aufstieg der Langlebigen in demografisch nicht mehr wild wuchernden, sondern selbstdisziplinierten Gesellschaften. Ein zweites schwaches Geschlecht, das aus Alten besteht, betritt die Weltbühne. Das Alter ist, so noch einmal Sloterdijk, die »sichtbare Eroberung der Weltfremdheit« (1992, S. 20). Eine Eroberung ohne kriegerische Angriffe, sondern als allmähliche demografische Evolution, die mit zunehmendem Alter der Welt immer mehr Menschen einschließt.

Diese Zuwendung zur Kehrseite des Welttages und Weltbetriebs hat gleichzeitig eine Abkehr vom Diesseitsfuturismus der verweltlichten christlichen Heilsgeschichte zur Folge. Erlösungsmotiviertes Fernweh schwindet, die Sehnsucht nach dem ganz Anderen vergeht. Orbis sufficit: Die Welt, in der wir leben, genügt. The world is enough: Diese Welt ist genug. Langlebige vertreten, so Sloterdijk, durch ihr bloßes Dasein ein Gegenprinzip zum tausendjährigen Reich der Kraft. »Indem er (der alte Mensch – P. G.) aufhört, in alles eingemischt zu sein, beweist er, dass es ein mildes und mittelbares Leben gibt, das wie das Leben der Mönche von einst und wie der allnächtliche Schlaf den Weltzwang lockert und uns umsiedelt von der Licht-, Lärm- und Kampfseite auf die Rückseite der Welt« (S. 20).

Die durch die demografische Evolution hervorgerufene Umsiedlung ist notwendiger denn je. Dass die Menschheit auf eine globale ökologische Krise zusteuert, ist ein Gemeinplatz. Der moderne Mensch überfordert die Welt und sich selbst und weiß es auch. Die Sackgasse einer immerfort wachsenden Zivilisation wird unentwegt beschworen, aber von einer Welt im Banne der Finanzmärkte und der Globalisierung der Wirtschaft in die Feuilletons und die Utopistik verwiesen. »The same procedure as every year«, wie Miss Sophie ihrem Butler James in »Dinner for One« auf seine Frage »The same procedure as last year?« antwortet.

Empfindlich sind die Grundlagen des Wohlstands beschädigt – zu dieser Erkenntnis ist nicht nur die Politik, sondern auch der Alltagsverstand gekommen. Weltaufrufe und Weltgebetstage verhallen an den Toren der Banken und Fabriken. Die ökologische Staatsverschuldung ist vermutlich die weitaus größere Hypothek, die wir unseren Nachkommen hinterlassen. Vor lauter Krisen im eigenen Land, der Finanz-, Immobilien-, Arbeits- und Bildungsmarktkrise, wird man den durch die Bevölkerungsdynamik in den nichtwestlichen Ländern entstehenden Druck gar nicht mehr gewahr. Die Überlebenschance der Gattung Mensch hängt nicht nur von der Meisterung von Finanzblasen ab. Sondern auch von der Drosselung einer täglich um weit mehr als dreihunderttausend Menschen wachsenden Bevölkerungsblase und der sich derart mit ihren

Nachkommen überfordernden Welt. Daran haben doch Jung und Alt das gleiche Interesse.

Die Steigerung der Lebenserwartung hat die Generationenfolge erhöht und die modernen Gesellschaften nicht mehr in die Breite, sondern in die Höhe wachsen lassen. In den modernen Ländern entstehen unaufhaltsam generative Hochkulturen, die ähnlich wie alte Wälder Schutz bieten und die Gesellschaften mit einem robusten Rückgrat versehen. Sie verschwinden nicht, sondern breiten sich aus. Land um Land wird von dieser demografischen Entwicklung ergriffen werden. Weltmäßigung erfolgt mit der demografischen Evolution.

Und entgegen dem allgegenwärtigen Aktionismus erwacht mit der Schwäche des Alters die seelische Tiefe des Menschen. Gesund ist, heißt es doch, der Mensch dann, wenn er mit Krankheiten leben kann. Und stark, so ließe sich entsprechend sagen, ist jemand nur, wenn er die Schwäche kennt und mit ihr zurande kommt. Je leiser der Körper, desto wacher der Geist. Im Dämmerlicht des alten Europas werden neue Zukünfte geboren. Die Abkehr vom Reich der physischen Kraft gibt dem Spirituellen und der Seele neuen Raum. Das eine verglüht, das andere erblüht. Der epochale Sinn der Alterung liegt, so könnte man die bisherigen Betrachtungen summieren, in der Beruhigung der nun mehr als ein halbes Jahrtausend andauernden rast- und rücksichtslosen Mobilmachung der Welt. Das mag zugestandenermaßen eine vage, zu sehr der Betrachtung unserer Breitengrade geschuldete Verheißung sein. Aber auch Altern ist nie nur das, was es ist, sondern immer auch das, was es sein möchte.

Epochaler Sinn des Alterns

Langlebigkeitsgesellschaften mit hoher Lebenserwartung und wenigen Kindern werden deshalb, so die Hoffnung, je höher der Anteil der Alten ist, je länger desto mehr weltweit in demografisch beruhigte, kontemplative, friedliche und nachhaltige Gesellschaften einmünden. Die Ablösung der Hyperaktivität, Atemlosigkeit und Schnelligkeit moderner Gesellschaften durch immer größer werdende Bezirke der Gelassenheit und Ruhe: ein schönes, noch utopisches Bild! Aber eine Karte der Welt verdiente keinen Blick, wenn das Land Utopia darauf fehlte, so der irische Schriftsteller Oscar Wilde. Weder imponiert die Altenwelt der Zukunft mit einer paradiesischen Vollendung, noch brüskiert sie mit einem tragischen Ende einer dem Untergang geweihten Menschengeschichte. Altern ist ein notwendiges Korrektiv der aggressiven und hektischen Grundstimmung, in die moderne Gesellschaften hineingeraten sind. Altern heißt widerstehen. Altern heißt Beharrungskräfte entwickeln. Altern heißt Beruhigung.

Wie nie zuvor bietet das Moratorium, in das immer mehr Menschen eintreten, Gelegenheit, über das Warum und Wozu des Lebens und Sterbens moderner Gesellschaften nachzudenken, auch über die eigene Lebensordnung, über Weltfremdheit, über den heimlichen Sinn der Alterung.

Weltmäßigung

Über demografische Steinzeiten und generative Hochkulturen. Über unnütze Brachen und Vorzüge des Nachlassens. Über demografische Beruhigung und einen kommenden europäischen Herbst in allen Kulturkreisen. Und über den Sinn des Schwächerwerdens und Nachlassens für eine ob ihrer Hitze fast verbrennenden Welt. Die Alten haben nicht nur mehr Lebenserfahrung und Weisheit. Sie sind nicht nur leiser und bedächtiger. Sie haben im kleinen Kreis der Familie wie im großen der Welt eine mäßigende und lindernde, eine begütigende und entwaffnende Wirkung. Sie leisten Pionierarbeit in der Entwicklung von Lebensformen, in denen Beschränkung und Verzicht und nicht Potenz und Kraft die höchsten Werte sind.

Der geschichtliche Sinn von Langlebigkeitsgesellschaften liegt, wir wagen es abschließend zu sagen, in der Abkehr von der Kraftprotzerei, von der Vorstellung ewigen Wachstums und in einer latenten Weltmäßigung. Und Weltmäßigung wieder, wer möchte das im Innersten seines unruhigen Herzens bestreiten, ist, nicht nur was die Welt und das Los der künftig zur Welt kommenden Kinder betrifft, das Gebot der Stunde.

Nachwort

Die Langlebigkeitsgesellschaft mit ihrem wachsenden Anteil an alten Menschen in den modernen Gesellschaften ist bislang eher mit Skepsis und Argwohn als mit Genugtuung und Freude bedacht worden. Nicht nur was die Alterssicherungssysteme oder den Generationenvertrag betrifft, sondern ganz generell. Von der uns geschenkten Lebenserwartung ist selten die Rede, schon gar nicht wird sie als größte zivilisatorische Errungenschaft der jüngeren Geschichte gepriesen. Die schwindende Geburtenzahl hat darüber hinaus alarmierende Szenarien über einen demografischen Untergang der Schweiz, Deutschlands, ja ganz Europas hervorgerufen. Mit Begriffen wie Überalterung und Unterjüngung sind gleichzeitig die bevölkerungspolitischen Aktionsprogramme mitgeliefert worden. Programme, die implizit besagen, dass wir zu viele Alte und zu wenig Kinder und Jugendliche hätten. Und dass diese demografische Entwicklung unbedingt korrigiert werden müsse.

Diese düsteren Einschätzungen der Altersgesellschaft sind Folgen einer modernen Gesellschaften innewohnenden heimlichen Agenda: nämlich ihres Strebens nach Mehr, nach Expansion, nach Wachstum. Dieses Programm wiederum begründet sich letztlich in einer verweltlichten christlichen Heilsgeschichte, die den Himmel auf Erden herbeiführen will. Wachstum ist in dieser Perspektive alternativlos. Wachstum ist Moses und die Propheten. Wachstum verheißt Glück. Mehr ist besser. Gegen Wachstum zu sein heißt, die Fortschrittsvorstellung verraten. Wachsende Bevölkerungen sind wie wachsende Unternehmen gut, schrumpfende hingegen schlecht und unheilverheißend. Der Rückgang der Geburten wird deshalb – trotz des Blickes auf das traurige Los der Kinder eines Großteils der Weltgesellschaft – beklagt. Und die das Altern charakterisierenden Eigenschaften eines Schwächerwerdens des Körpers und eines Nachlassens der Kräfte sind, weil sie so gar nicht dem aktivistischen und an Kraft ausgerichteten Gestus moderner Gesellschaften entsprechen, leere, unbrauchbare Geschenke. Sie säumen den Niedergang einer Zivilisation, die auf Kraft und Wachstum gebaut wurde.

Die Altersgesellschaft, der Rückgang der Geburten und der weiter zunehmende Anteil an alten Menschen in unserer Gesellschaft ist freilich weder Albtraum noch evolutionäre Sackgasse, sondern das in langen Auseinandersetzungen erkämpfte Ergebnis einer freiheitlich offenen Gesellschaft. Einer Gesellschaft, in der die Menschen selber entscheiden können, ob sie Kinder haben wollen oder nicht, und in der sie dank einer enormen Verbesserung der allgemeinen Lebensverhältnisse und einer imposanten medizinischen Versorgung eine hohe und weiter steigende Lebenserwartung haben werden. Die abschätzig »urnenförmig« genannte Bevölkerungsstruktur verbildlicht das fortgeschrittenste Stadium einer demografischen Evolution, die früher oder später die gesamte Weltbevölkerung durchlaufen wird. Sie schreitet fort von Bevölkerungen mit hoher Kinderzahl und tiefer Lebenserwartung zu solchen mit tiefer Kinderzahl und hoher Lebenserwartung.

In der Vormoderne und in weiten Teilen der Welt war und ist das Leben in einer einsehbaren Weise unfertig, um das Nachwort gekürzt, verstümmelt, ein Torso. Und ohne eine tröstliche Ewigkeitserzählung, sei es die christliche, die islamische oder die der Ahnenkulte in fremden Kulturen, schwer zu bestehen. In der zweitausendjährigen Geschichte des Abendlandes wird das Leben erst in den letzten Jahrhunderten als Geschichte sichtbar, als Geschichte, die sich erinnern und erzählen lässt. Erstmals wird das Leben, zumindest biologisch gesehen, ganz.

Moderne Gesellschaften mit ihrem hohen Anteil an Alten und sinkenden Kinderzahlen weisen darüber hinaus eine auch dem Kinderkopf einleuchtende Anzahl von Vorzügen auf. So bringen die gewonnenen Jahre ein großes Moratorium mit einem neuen Maß an Zeit zur Selbst- und Weltvergegenwärtigung, zur Nacharbeit und zum Bereinigen der Vergangenheit mit sich. Man muss die gewonnenen Jahre freilich auch dazu verwenden. In der Vormoderne, mit einem jähen Tod in der Mitte eines heutigen Lebens, wurde das Leben auf seinem Höhepunkt gleichsam kastriert. Es blieb fast immer Fragment. Es gab nur Arbeit ohne Nacharbeit. Der letzte Abschnitt fehlte. Es gab keine Verarbeitungszeit für ein Leben, das auf seinem Gipfel zerbrochen wurde. Und über den Nutzen gewonnener Zeit gab es nichts nachzudenken, wenn man diese Zeit nicht hatte.

All die tröstlichen und liebenswürdigen, auch bitteren und wütenden Erörterungen über das heutige Altern resultieren aus einer enorm verlängerten Lebenszeit. Wer nicht siebzig Jahre alt wird, hat kaum, und wer nicht sechzig wird, gar keine Zeit, sein Leben zu bedenken oder gar aufzuschreiben. Auch Kinder und Jugendliche haben, wenn sie weniger sind, ein besseres Leben bei uns als in kinderreichen Gesellschaften. Reichtum an Kindern bedeutet häufig genug Armut und Elend, ohne Zukunftsperspektive. Der kleine Julian, als siebenmilliardster Erdenbürger geboren, wird bei uns mit großer Wahrscheinlichkeit hundert Jahre alt. In Afrika geboren, erreichte er nicht einmal vierzig und im Mittelalter hätte er selten länger als dreißig Jahre gelebt. Er wird bei solch kurzem Leben kaum sein Altern reflektieren können, weil es aller Wahrscheinlichkeit für ihn nicht stattfinden wird. Er stirbt ohne Geschichte. Denn Geschichte gibt es nur in der Vergegenwärtigung dessen, was war.

Dass wir gerade einen siebzigsten Geburtstag mit vier Generationen feiern konnten und uns Zeit geschenkt wurde, nicht nur mit den überquellenden Kleiderschränken, sondern auch mit angehäuften Missverständnissen und Fehlern, überhaupt Verdrängtem ins Reine zu kommen, enthält deshalb eine erste Antwort auf die bange Frage, wozu man denn eigentlich noch gut und hier sei. Auch für das moderne Leben gelten die Zeiten aus einem mittelalterlichen Versepos: »Media vita in morte sumus« –

mitten im Leben sind wir vom Tod umgeben. Aber das moderne Leben kann, im Unterschied zum vormodernen, rückblickend vervollständigt werden und zwar in dieser Welt.

In einer Langlebigkeitsgesellschaft erst findet sich zweitens Zeit, um der Gesellschaft etwas von dem zurückzugeben, was sie einen ermöglicht hat. Die Ethik des Gebens, von der Peter Sloterdijk (2010) so gerne spricht, entdeckt vielleicht ihre Adressaten in den Alten, von denen es nie so viele gab und denen es nie so gut ging wie heute. Wer weiß es besser als der älter werdende Mensch, dass Geben seliger ist als Nehmen. Im neu gewonnenen Alter findet sich auch tätige Zeit, mit der Welt, den Mitmenschen und sich selber ins Reine zu kommen. Die wundersamen Überlieferungen einer jenseitigen Welt, in der Vergeltung und Gnade geübt, in der in alle Ewigkeit bestraft oder die Tränen abgewischt werden, verblassen. Das Versprechen eines Lebens nach dem Tod verliert seinen Grund. Noch die Arbeit des Schreibens dient letztlich solcher Selbstverständigung. Die Überlegungen dieses Buches wären undenkbar, wenn ich mit fünfzig gestorben wäre. Das Leben lässt sich mit einer Schlussform versehen und abschließen, deren Ort in vormodernen Gesellschaften der Himmel war.

Dass viele, die selbst alt und älter werden wollen, vor dem Hintergrund einer der Jugend ergebenen Kultur das Alter auf eklatante Weise geringschätzen, resultiert aus der modernen Wachstums- und Kraftphilosophie. Eine Sinngebung des Alters wird damit zwangsläufig erschwert, wenn nicht verunmöglicht. Mit fortdauerndem Altern und fortschreitendem Schwund der Kräfte wird freilich die Frage nach dem prinzipiellen, dem geschichtlichen Sinn dieser Entwicklung drängender. Man will nicht für nichts sterben. Und auch nicht für nichts gelebt haben. Kurt Aebli hat in seiner bewegenden Erzählung »Der Unvorbereitete« (2009) geschrieben: »Meine Verbesserung kann ... darin gesehen werden, dass ich den Platz, den andere in der Welt beanspruchen, in meinem Schreiben einnehme, dass ich in der Welt immer schmaler vorkomme, mehr und mehr zurücktrete, eine gewisse Eleganz im Zurücktreten an mir selber ausbilde ...« (S. 26). Und Nietzsche hat in seinen Reflexionen über »Menschliches und Allzumenschliches« in Maxime 285 bemerkt: »Aus Mangel an Ruhe läuft unsere Zivilisation in eine neue Barbarei aus. Zu keiner Zeit haben die Tätigen, das heißt die Ruhelosen mehr gegolten. Es gehört deshalb zu den notwendigen Korrekturen, welche man am Charakter der Menschheit vornehmen muss, das beschauliche Element in großem Maße zu verstärken.«

Ohne Zweifel befördert die Langlebigkeitsgesellschaft die Sorge und Nachdenklichkeit. Sie breitet, so Jacob Grimm (2010) in seiner tröstlichen Rede auf das Alter, einen wohltuenden Schimmer auf das verflossene, das gelebte Leben aus. Der Geist wird wach und will mit sich ins Reine kommen. »Das Einzige, was uns angesichts dieser unausweichlichen Niederlage, die man Leben nennt, bleibt, ist der Versuch, es zu verstehen«, so Milan Kundera. Der modernen Beschleunigungsgesellschaft tut freilich mehr not. Nachdenklichkeit und Beschaulichkeit sind zu wenig.

Sich einfach hinsetzen und warten ist angesichts einer immer schneller sich drehenden Wachstums- und Leistungsgesellschaft eine Desertion vor den gesellschaftlichen Aufgaben. Die Fortschritts- und Wachstumsbesessenheit und Beschleunigung moderner Gesellschaften, ihre – jeder Blick in die Fabrikhallen, die Investment-Abteilungen der Banken oder der Bildungsbetriebe demonstriert es – geradezu panische Hektik haben irreversible Schädigungen der Natur und der Umwelt produziert.

Die utopischen Energien scheinen deshalb erschöpft, der Diesseitsfuturismus verlebt. Das Erbe, das wir unseren Nachkommen hinterlassen, ist, allen Verlautbarungen zufolge, in einem desolaten Zustand. Wir leben über unsere Verhältnisse. Und gleichzeitig, angesichts des sich bei den wirtschaftlichen Eliten zusammenballenden Reichtums, unter unseren Möglichkeiten. Die Grundlagen des Wohlstands wurden und werden weiterhin durch unser Wirtschaften empfindlich in Mitleidenschaft gezogen. Aber alle »Du-sollst-Dein-Leben-ändern«-Appelle, sämtliche Aufrufe, den Verzicht und die Mäßigung zu üben, verhallen. Gleichgültig ob kollektive Regeln durchgesetzt werden wollen oder der Einzelne in die Pflicht genommen werden will, ob mit oder ohne Bürgerbeteiligung: Die Geschichte läuft bei allen europäischen Selbstzweifeln global mit Wucht unbeirrt weiter.

Bei uns, in den Langlebigkeitsgesellschaften, scheinen die Menschen aber von einer sonderbaren Ermüdung und Überforderung befallen. Und zwar nicht nur, was die großen Erzählungen und Heilslehren anbelangt. Sondern in ihrem täglichen Arbeitsleben. Merkwürdige psychische Krankheiten und Depressionen, Erschöpfungszustände als Folge der Forderung, »man selbst sein zu müssen«, wie es der französische Psychiater Alain Ehrenberg (2008) formuliert hat, grassieren. Das Gefühl, ständig gehetzt und für den eigenen Erfolg verantwortlich sein zu müssen, ist längst kein persönliches Problem mehr, sondern ein kollektives. Immer mehr Kinder erhalten Medikamente gegen Hyperaktivitätsstörungen. Immer neue Hiobs-Botschaften über Luftverschmutzung, Klimakatastrophen, Artensterben und steigende Ozeane, vor einer Überforderung der ökologischen Traglast der Erde traktieren und ermüden uns und erinnern an die Offenbarungen des Apostels Johannes im letzten Buch der Bibel.

Denn gleichzeitig wird dem modernen Menschen alles bis zur Erschöpfung abverlangt, auch, trotz aller Lippenbekenntnisse, das Über-die-Verhältnisse-Leben. Vielleicht werden sich, so der deutsche Bundespräsident a. D. Horst Köhler (2010), kommende Generationen mit Verwunderung an die vermutlich kurze Phase in der Geschichte der Menschheit erinnern, in der ständiges Wirtschaftswachstum für möglich und nötig gehalten und irreversible Schäden zum Nachteil kommender Generationen verharmlost wurden. Und in der, fügen wir hinzu, Bevölkerungswachstum weiterhin als Pluspunkt in die nationalen Buchhaltungen eingestellt wird. Wachstumsgesellschaften mit ihrem Verschleiß an nicht-reproduzierbaren Ressourcen und ihrem schnellen Umschlag an Gütern und Menschen sind wahrscheinlich eher zum Untergang verurteilt als überalterte Gesellschaften. Und vermutlich werden schrumpfende Gesellschaften besser überleben.

Nachlassen, Schwächerwerden und das im Alter stärkerwerdende Gefühl überpersönlicher Mächte bergen, so ein drittes und sicherlich provozierendes Ergebnis dieser Ausführungen, einen epochalen Sinn. Sie haben eine zivilisationsspezifische Bedeutung. Die historische Rolle des Bevölkerungswachstums galt der Mobilmachung aller Kräfte zum Zwecke der Industrialisierung und der Versorgung nachwachsender Populationen. Der geschichtliche Sinn alternder und schrumpfender Bevölkerungen gilt umgekehrt der Beruhigung und Mäßigung einer panischen, an Überhitzung fast zugrundegehenden Gesellschaft. Die Welt will Pause machen. Nicht im Schlaf, sondern im Alt- und Wenigerwerden ihrer Mannschaft.

Eine dem Wachstum und der Schnelligkeit ergebene Zeit tut sich schwer damit. Die Weltgeschichte hat, so Oswald Spengler im »Untergang des Abendlandes« (1918), immer dem stärkeren, volleren, seiner selbst gewisseren Leben Recht auf das Dasein gegeben. Angesichts der unerbittlichen Marschbefehle auf unserem Planeten, der unentwegten Entfesselung immer neuer Kräfte und angesichts der Vorstellung eines drohenden Erstickungstodes im Müll einer Gesellschaft, die von nichts genug haben kann, mehren sich die Rufe nach einer Umwertung der Werte, nach einem Marschhalt, einer Demobilisierung und einer Vergewisserung der Stärke der Schwäche. Ein starkes, selbstgewisses und volles Leben führen heißt, Schwächen zulassen und mit ihnen umgehen können.

Älterwerden heißt deshalb nicht allein, seine Kräfte nach innen zu richten und der Familie und der Gesellschaft zu dienen. Altern heißt auch nicht nur, Gelassenheit und Nachdenklichkeit zu entwickeln. Altwerden heißt, einen über die persönliche Geschichte hinausgehenden epochalen Sinn erfahren zu können und zu wissen, dass man an ihm teilhat. Ist doch der geschichtliche Sinn nichts anderes als der millionenfach in den Köpfen sich kristallisierende individuelle-persönliche Sinn. Weil Älterwerden Schwächerwerden heißt, entwickeln die modernen Gesellschaften mit ihrem steigenden Altenanteil retardierende Kräfte in ihrer Mitte. Nachlassen und Schwächerwerden sind Korrektive eines expansionistischen Denkens, Dämme gegen die Flut von Vorwärts-Marsch-Befehlen. Die moderne Gesellschaft dreht sich derzeit wie ein Karussell ohne Bremsen immer schneller, und es fällt schwer, ohne Blessuren abzuspringen. Aber gleichzeitig erzeugt sie eine rezessive Dynamik, ein neues, aus Alten bestehendes »schwaches« Geschlecht, das zur Weltmäßigung beiträgt.

Die Beteiligung am gesellschaftlichen Projekt besteht also, paradox ausgedrückt, einerseits in der Teilhabe am Beheben der psychischen, sozialen und wachstumsverursachten Schädigungen. Schäden beheben heißt, Zeit haben können. In der Nichtbeteiligung am »Schneller, Höher, Weiter« andererseits. Das ist die zivilisationsspezifische Aufgabe. Die Kraft dieses Projektes rührt aus der Entkräftung. Wie ein Land es verkraften kann, nicht mehr in die Breite, sondern in die Höhe zu wachsen, zu altern und numerisch zu schrumpfen, das ist die Herausforderung, der sich Europa stellen muss. Mit ihrem Beitrag zum natürlichen Rückgang der Produktions- und Konsumtionsenergie, durch ihre Illusionsresistenz und ihre mit dem Alter zunehmende Skepsis gegenüber Vollkommenheits- und Erlösungsvorstellungen machen sie vielleicht gut, was in der fortschrittseuphorischen Moderne verdrängt worden ist. Ihr Beitrag ist ein Beitrag zur Weltmäßigung und Weltläuterung. Mit ihrer Hilfe lernt die Welt pausieren. Die Bevölkerungen Deutschlands, der Schweiz und Österreichs gehören mit der Japans zu den ältesten Bevölkerungen der Welt. Sie sind keineswegs die Schlusslichter der Weltzivilisation, sondern Weltmarktführer der Mäßigung.

Die Jungen mögen nun einmal schneller laufen, höher springen, lauter schreien, von mir aus auch schneller lernen. Aber die Alten sind andererseits gelassener, ruhiger, gemächlicher und langsamer. Auch ungeschickter, tölpelhafter und unbeholfener, je länger sie leben. Und das ist auch gut so. Das Gehirn braucht, wie neurobiologische Untersuchungen sagen, Zeiten der Erholung und des Nichtstuns. Genau so auch unser in der Weite des Weltalls noch wundersam blau schimmernder Planet. Die globale Alterung, die damit einhergehende Schwächung der Dynamik und das abflauende Bevölkerungswachstum leisten vielleicht so ihren Anteil an der Lösung der Umwelt- und Ressourcenprobleme, deren Folgen überall sichtbar werden. Die Lebenswelt, wie wir sie kennen und bewohnen, wird ohne Entlastung und Mäßigung zusammenbrechen und unbewohnbar werden.

Noch leben wir in einer Weltzivilisation, in der das expansionistische Denken, das »Bigger, Better, Faster, More« bis in die letzten Verstecke hineingreift und die letzten Träumer auf die Rennstrecken scheucht. Mit der Alterung der westlichen Zivilisation beginnt vielleicht, hoffentlich ein neuer Akt, der in seiner mäßigenden Wirkung ebenfalls beispielgebend sein könnte. Wenn wir lernen, die Alterung umzuwerten, das Schwinden der Kräfte sinnhaft zu machen und die Langlebigkeit mit Neugier und Liebe zu bewältigen.

Müsste ich, so der Beginn des ersten Kapitels dieses Buches, sagen, was die folgenreichste Entwicklung der letzten Jahrhunderte sein könnte, würde ich das Wachstum der Lebenserwartung nennen. Und sollte ich zum Schluss mit einem Satz sagen, was die zentrale Frage dieses Textes war, so würde ich sagen: die Frage nach dem Sinn dieses langen und immer länger und schwächer werdenden Lebens. Und würde ich schließlich gefragt, was ich als Antwort auf diese Frage denn gefunden hätte, würde ich zu sagen wagen: die Hoffnung auf eine von den europäischen Ländern ausgehende und früher oder später global sich verbreitende Beruhigung und Befriedung einer unduldsamen und sich selbst andauernd überfordernden und letztlich sich selbst verzehrenden Gesellschaft. Und mit Blick auf mein Leben: Aussicht auf eine Zeit, die hoffentlich noch lange Möglichkeiten zur rückblickenden Läuterung und Korrektur gewährt. Lose weiße Blätter für Nachträge.

Literatur

Adorno, Theodor W.: Negative Dialektik. Frankfurt am Main 1966.

Adorno, Theodor W.: Noten zur Literatur 2. Frankfurt am Main 1970.

Aebli, Kurt: Der Unvorbereitete. Basel/Weil am Rhein 2009.

Améry, Jean: Über das Altern. Revolte und Resignation. Stuttgart 1969.

Anders, Günther: Die Antiquiertheit des Menschen. Über die Seele im Zeitalter der zweiten industriellen Revolution. München 1956.

Beauvoir, Simone de: Das Alter. Reinbek 1989.

Beckett, Samuel: Endspiel. Frankfurt am Main 1974.

Benedikt XVI: Wir müssen anders leben! Damit die Schöpfung überleben kann. Freiburg im Breisgau 2012.

Berg, Sibylle: Vielen Dank für das Leben. München 2012.

Birkenstock, Eva: Angst vor dem Altern? Zwischen Schicksal und Verantwortung. Freiburg/München 2008.

Birkenstock, Eva: Altersbilder im Wandel: In: Gegenworte 25, 2010, S. 24–29.

Bloch, Ernst: Was im Alter zu wünschen übrig bleibt. In: Ders.: Das Prinzip Hoffnung. Bd. I, Frankfurt am Main 1959, S. 37–46.

Bobbio, Norberto: Vom Alter – De Senectute. Berlin 2006.

Dumont, Louis: Individualismus. Zur Ideologie der Moderne. Frankfurt/New York 1991.

Ehrenberg, Alain: Das erschöpfte Selbst. Frankfurt am Main 2008.

Ehrlich, Paul R.: Die Bevölkerungsbombe. Frankfurt am Main 1970.

Enzyklika »Deus Caritas est.« Papst Benedikt XVI., Rom 2006.

Farkas, Péter: Acht Minuten. München 2012.

Franzen, Jonathan: Das Gehirn meines Vaters. In: Ders.: Anleitung zum Einsamsein. Reinbek 2002, S. 297–316.

Frisch, Max: Entwürfe zu einem dritten Tagebuch. Berlin 2010.

Gaiser, Sebastian, Tobias Wall (Hg.): Jahrhundertmensch. Frankfurt am Main 2008.

Geiger, Arno: Der alte König in seinem Exil. München 2011.

Graf, Friedrich Wilhelm (Hg.): Über Glück und Unglück des Alters. München 2010.

Grimm, Jacob: Rede über das Alter. Rede auf Wilhelm Grimm. Göttingen 2010.

Gross, Peter: Ich-Jagd. Im Unabhängigkeitsjahrhundert. Frankfurt am Main 1999.

Gross, Peter: Jenseits der Erlösung. Die Wiederkehr der Religion und die Zukunft des Christentums. Bielefeld 2007.

Gross, Peter: Ikonen des nächsten Jahrtausends. Weltpremiere. In: Gaiser, Sebastian, Tobias Wall: Jahrhundertmensch. Frankfurt am Main 2008, S. 105–123.

Gross, Peter, Karin Fagetti: Glücksfall Alter. Alte Menschen sind gefährlich, weil sie keine Angst vor der Zukunft haben. Freiburg im Breisgau 2008.

Gross, Peter: Altsein als Schicksal? In: Maio, Giovanni (Hg.): Abschaffung des Schicksals? Freiburg im Breisgau 2011, S. 368–383.

Hafner, Urs: Vom Verschwinden der Kindheit. In: Neue Zürcher Zeitung, 28. 01. 2013, S. 42.

Han Byung-Chul: Müdigkeitsgesellschaft. Berlin 2010.

Handke, Peter: Versuch über die Müdigkeit. In: Ders.: Versuch über die Müdigkeit. Versuch über die Jukebox. Versuch über den geglückten Tag. Frankfurt am Main 1989, S. 7–54.

Heckel, Margaret: Die Midlife-Boomer: Warum es nie so spannend war, älter zu werden. Frankfurt am Main 2011.

Hessel, Stéphane: Empört Euch! Berlin 2010.

Hijiya-Kirschnereit, Irmela: Ohne Zukunft glücklich. In: Neue Zürcher Zeitung, 30. 03. 2012.

Hillman, James: Vom Sinn des langen Lebens. München 2000.

Höffe, Otfried: Gewonnene Jahre. In: Neue Zürcher Zeitung, 16. 07. 2009.

Hondrich, Karl Otto: Weniger sind mehr. Warum der Geburtenrückgang ein Glücksfall für unsere Gesellschaft ist. Frankfurt am Main 2007.

Imhof, Arthur E.: Die verlorenen Welten. München 1992.

Kass, Leon R. u. a.: Körper, die nicht altern. In: Knell, Sebastian, Marcel Weber (Hg.): Länger leben? Philosophische und biowissenschaftliche Perspektiven. Frankfurt am Main 2009, S. 77–117.

Kaufmann, Franz-Xaver: Schrumpfende Gesellschaft. Vom Bevölkerungsrückgang und seinen Folgen. Frankfurt am Main 2005.

Kollewe, Carolin, Elmar Schenkel (Hg.): Alter: unbekannt. Über die Vielfalt des Älterwerdens. Internationale Perspektiven. Bielefeld 2011.

Kuntze, Sven: Altern wie ein Gentleman. München 2012.

Lütkehaus, Ludger: Das Schlimmste kommt zuletzt. Philosophische Bonsais. Basel 2011.

Maio, Giovanni (Hg.): Altwerden ohne alt zu sein. Freiburg im Breisgau 2011.

Marquard, Odo: Theoriefähigkeit des Alters. In: Ders.: Philosophie des Stattdessen. Stuttgart 2000, S. 135–140.

Meier, Gerhard: Ob die Granatbäume blühen. Frankfurt am Main 2005.

Metz, Johann Baptist: Gott. Wider den Mythos von der Ewigkeit der Zeit. In: Peters, Tiemo Rainer, Claus Urban (Hg.): Ende der Zeit? Mainz 1999, 32–49.

Miegel, Meinhard: Das System ist am Ende, das Leben geht weiter. In: FAZ, 11.08.2012.

Nietzsche, Friedrich: Menschliches, Allzumenschliches. Stuttgart 1921.

Riedel, Ingrid: Die innere Freiheit des Alterns. Düsseldorf 2009.

Rosenmayr, Leopold: Altern im Lebenslauf. Göttingen / Zürich 1996.

Rosenmayr, Leopold: Im Alter noch einmal leben. Berlin 2011.

Roszak, Theodore: America the Wise. The Longevity Revolution and The True Wealth of Nations. Boston 1998.

Roszak, Theodore: The Making of a Counterculture-Reflections on the Technocratic Society and its youthful Opposition. Berkeley 1969.

Roth, Philip: Jedermann. München 2006.

Scheler, Max: Tod und Fortleben. In: Gesammelte Werke Bd. 10. Schriften aus dem Nachlass. Bd. 1, Bern 1957, S. 9–65.

Scherf, Henning: Altersreise. Wie wir alt sein wollen. Freiburg im Breisgau 2012.

Schmid, Josef: Das verlorene Gleichgewicht. Eine Kulturökologie der Gegenwart. Stuttgart/Berlin/Köln 1992.

Schopenhauer, Arthur: Parerga und Paralipomena. Sämtliche Werke in fünf Bänden. Bd. IV. Frankfurt am Main 1966.

Schopenhauer, Arthur: Über den Tod. München 2010.

Schramme, Thomas: Ist Altern eine Krankheit? In: Knell, Sebastian, Marcel Weber (Hg.): Länger leben? Philosophische und biowissenschaftliche Perspektiven. Frankfurt am Main 2009, S. 235–264.

Seneca: De brevitate vitae. Die Kürze des Lebens. München 1976.

Shenk, David: Das Vergessen. Leipzig 2005.

Sieveking, David: Vergiss mein nicht. Wie meine Mutter das Gedächtnis verlor und ich meine Eltern neu entdeckte. Freiburg im Breisgau 2012.

Sloterdijk, Peter: Weltfremdheit. Frankfurt am Mai 1993.

Sloterdijk, Peter: Alte Leute und letzte Menschen. Notiz zur Kritik der Generationenvernunft. In: Tews, Hans P. u. a. (Hg.): Altern und Politik. Melsungen 1996, S. 5–23.

Sloterdijk, Peter: Du musst Dein Leben ändern. Frankfurt am Main 2009.

Sloterdijk, Peter: Die nehmende Hand und die gebende Seite. Beiträge zu einer Debatte über die demokratische Neubegründung von Steuern. Berlin 2010.

Sloterdijk, Peter: Zeilen und Tage. Frankfurt am Main 2012.

Spengler, Oswald: Der Untergang des Abendlandes. Umrisse einer Morphologie der Weltgeschichte. München 1972.

Vilar, Esther: Alt heißt schön. Manifest gegen den Jugendkult. Bergisch Gladbach 1995.

Weber, Max: Wissenschaft als Beruf. In: Ders.: Schriften zur Wissenschaftslehre (Hg. Michael Sukale). Stuttgart 1991, S. 237–275.

Weber, Max: Gesammelte Aufsätze zur Religionssoziologie, 3 Bde., Tübingen 1920.

Wolf, Notker: JETZT ist Zeit für den Wandel. Freiburg im Breisgau 2012.

Ziegler, Jean: Wir lassen sie verhungern. Die Massenvernichtung in der Dritten Welt. München 2012.